自己理解を深める10のレッスン
―― 主に深層心理学の立場から ――

杉本 裕司 著

北樹出版

はじめに

　本書は学生の皆さんの自己理解を深めてもらえれば，という意図のもとに書かれたテキストです。そしてそのための手段として主に「深層心理学」（これがどのような学問であるのかは第1章で詳しく述べています）の立場に拠っています（ただし章によっては，社会心理学や発達心理学の知見も大いに利用させて頂きました）。

　全部で10章ありますが，その内容は実にさまざまです。しかしあえて言えば，大きく2つに分かれます。1つは，私たちが「自明」のこととしている日本人（留学生のひとを除いてですが）のものの考え方や感じ方，行動の仕方を，他の国々や文化圏との比較によって，決して「自明」ではないことを意識化する方向性のものです。そしてもう1つは，「シャイ」「自尊心（の低さ）」「心配性」といった，若い人たちが抱きがちな「こころの悩み」を分析して，改善の道を探る方向性のものです。ただし私は精神科医でもなければ，心理臨床に従事する者でもないので，「こころの病」についての叙述は最小限にとどめています。

　プライベートな話になりますが，私は若い頃，ある種の「不安障害」（第5章参照）に陥り，フロイト派の正統的精神分析療法を1年半の間，受け，そしてしばらく年数を置いた後に今度はユング派の臨床心理士の方からカウンセリングを数年に亘り受けた経験があります。又，私の伴侶は（もちろん本人の承諾を得て書いているのですが）若い頃「境界性パーソナリティ障害」（第4章参照）で入退院を繰り返していました。ですからこれらの病については（精神科医やセラピストではなく）患者やクライアント，あるいは長年そばで見守ってきた者の立場から実感をもって書くことができると考えました。従って又，他の「こころの病」についての説明は，本書には出てきません。単なる知識だけでそれらを叙述すべきではないと判断したからです。

　各章はそれぞれ独立していて1つ1つの章が完結した内容です。ですからど

の章から読んでも理解できるようになっています。

　公私に亘って先の見えない時代ですが，学生の皆さんが，このテキストによって自分自身のあり方・生き方を深く理解し，自信と希望を抱けるようになってくれれば，私としては望外の喜びです。

　最後になりますが，プライベートな事柄が色々あったとは言え，本書を脱稿するまでには，常識外れの年数をかけてしまいました。しかしその間も，超人的としか言いようのない我慢強さで見守り続けて下さった，北樹出版の木村哲也氏に心より御礼申し上げます。

杉　本　裕　司

目 次

第1章 深層心理学について……………………………………………10
　第1節 深層心理学とは何か…………………………………………10
　第2節 深層心理学の方法（Ⅰ）——「2つの現実」………………13
　第3節 深層心理学の方法（Ⅱ）——「理解」……………………17

第2章 「母性社会」日本 ………………………………………………24
　第1節 「母（父）性原理」と「場（個）の倫理」………………24
　第2節 育児の仕方の日米比較………………………………………30

第3章 ユング派による「昔話」の東西比較 ………………………41
　第1節 ユング派における「普遍的（集合的）無意識」と神話・昔話 ……41
　第2節 「怪物退治」の話の数………………………………………45
　第3節 「異類婚」の展開の相違……………………………………47

第4章 フロイト派における『オイディプス王』と『阿闍世物語』……52
　第1節 フロイトにおけるこころの捉え方…………………………52
　　1　局所論　（52）
　　2　構造論　（56）
　　3　自我の防衛機制　（58）
　　4　「エディプス・コンプレックス」論　（61）
　第2節 『オイディプス王』について ………………………………64
　第3節 『阿闍世物語』について ……………………………………66
　　1　2種類の罪悪感　（68）
　　2　「阿闍世コンプレックス」論　（69）

第4節 「境界性パーソナリティ障害」について …………………………72
　　1 「パーソナリティ障害」とは　(72)
　　2 「境界性パーソナリティ障害」について　(74)
　　3 BPDになりうると想定される要因　(77)
　　4 BPDのひとへの，身近にいるひとの接し方　(80)

第5章 「心配性」について …………………………………………83
第1節 「心配性」の定義と諸特徴 …………………………………83
　　1 「心配性」の定義　(83)
　　2 「心配性のひと」の特徴　(84)
第2節 「心配性」のひとの根本気分としての「不安」……………89
　　1 「恐怖」と「不安」　(89)
　　2 「不安」の区分　(90)
第3節 「心配性」の軽減のために …………………………………95

第6章 日本人の「状況倫理」 ………………………………………99
第1節 L.コールバーグにおける道徳性の認知発達論について ……99
第2節 C.ギリガンによるコールバーグ批判 ……………………103
　　1 「ケア（配慮）と責任の道徳」　(103)
　　2 「文脈的相対主義」　(106)
　　（補論）「実存的状況倫理」について　(109)
第3節 日本人の「自我」のあり方と「状況倫理」………………111
　　1 日本人の自我　(111)
　　（補論） その他の日本人の自我（自己）論　(114)
　　2 「日本的状況倫理」　(118)

第 7 章　「シャイ」について……………………………………………129
第 1 節　「シャイ（ネス）」の諸特徴 …………………………………129
  1　「対人不安」と「シャイネス」　(129)
  2　「対人不安」の分類の試み　(130)
  3　「シャイ」なひとの特徴とタイプ　(132)
  4　「ラヴ・シャイ」について　(135)
第 2 節　「シャイ」に厳しい米国と寛容な日本……………………136
第 3 節　「シャイ」な性格を改善する方法……………………………139
  （補論）「ラヴ・シャイ（恋愛シャイマン）」のひとへ　(143)

第 8 章　若者の友人関係の希薄化？……………………………………145
第 1 節　希薄化論者たちの主張 ………………………………………145
第 2 節　若手メディア論者たちの反論 ………………………………150
第 3 節　媒介のこころみ ………………………………………………153

第 9 章　「自尊心」について……………………………………………159
第 1 節　「自尊心」の諸特徴……………………………………………159
第 2 節　現代日本人（とくに青少年）の自尊心の低さ ……………164
第 3 節　自尊心を高めるために自分自身でこころ懸けること ……169

第10章　「影」について…………………………………………………172
第 1 節　「ペルソナ」と「影」…………………………………………172
  1　「ペルソナ」及びそれとの同化　(172)
  2　「影」の形成　(173)
  3　「影」の「投影」　(175)
第 2 節　「影」の認識と受容……………………………………………176

註 （180）
本書執筆に際し，引用・参照した文献一覧表　（194）
筆者が薦める参考文献一覧　（204）

自己理解を深める10のレッスン
―― 主に深層心理学の立場から ――

第1章
深層心理学について

第1節　深層心理学とは何か

　H. エレンベルガー（エランベルジェ）によると，「深層心理学（depth psychology, Tiefenpsychologie, psychologie en profondeur）」という言葉は，スイスの精神医学者である E. ブロイラーが，フロイトの精神分析を指してこう呼んだのが嚆矢であるらしい（エレンベルガー，1980年，p.172）。そしてその後，フロイトやその後継者たち，さらには彼から離反して独自の学派を築いた人たちを総称する名称として使われるようになった。即ち深層心理学は，今日ではフロイト（派）に限らず，そこから派生したさまざまな流れに対する総称であり（個別的には例えばユングの立場は「分析心理学」，A. アドラーの立場は「個人心理学」などと呼ぶ），自分自身（そして他者，集団，さらには社会的文化的諸現象）をその意識に達していない，深いこころの次元（無意識）のプロセスから理解しようとする心理学である。そしてここでは深層心理学の目的を，「自分自身を知り，それによってよりよく生きること」と規定したい。つまり，深層心理学の目的は，古代ギリシャのいわゆるデルフォイの神殿の銘「汝自身を知れ（gnōthi seauton）」につながるものであり，そしてそれによって「より豊かなこころの可能性を作り出す」（アドラー）ものである。

　だから深層心理学において最も重要な作業は，自己分析・自己理解であり，我々が先に述べたように，他者や集団あるいは社会的文化的現象を深い次元で分析しているときでも，それは必ず自己分析を前提乃至媒介したものでなければならない（臨床的場面において分析者が他者〔クライアント〕の深層心理を分析するとしても，それはその他者自身が自分を知るための手助けをしているにすぎな

いのであり，そして又分析者も他者の分析を通して自分自身を知ることを行っている。それ故にこそ，正統派のフロイト派精神分析では「教育分析」[1]が義務づけられているわけである）。

　自分自身を理解したいという動機に結びついていない「深層心理学」の営み——例えば他人の性格や行動・病理を分析してわかった気になったりそれを楽しんだり，あるいは社会的事件をいっぱしに解説したりすること——は単に知的好奇心を満足させるだけの「暴露心理学」に陥ってしまうであろう。そして又，その「分析」や「解説」の際に，「投影」や「置き換え」といった「自我の防衛メカニズム」[2]が働いていても——例えば，「あのひとは，ナルシシックな偽善者にすぎない」と憤ったとしても，それは自分のこころの内にあるナルシシズム的偽善をそのひとへ投げかけて，自分にはそんなものはない，と安心する——気づかないのである。

　それ故，自分以外の他者や集団などを分析しているとしても，絶えざる自己へのかえりみ，フィードバックを行っていなければならない。究極的にはそれが目的なのだからである。

　しかしながら，「自分を知ること——より深層心理学的に言えば，自分の無意識にあるものを知ること」は非常に難しい。「人間にとって実行するのが一番難しいのは，自分自身を知ることと自分自身を変えることである」（アドラー）。その理由は第1に，無意識にあるものは，（意識的な）自分が認めたくない内容のものであることがままあり——もちろんそれだけでなく，自分が気づいていない潜在的可能性のこともあるのだが，それすら否定的に感じられることもあるのである——知ることに不安を感じ，抵抗が生じるからである。そして第2に，無意識にあるものは，単なる意識的反省では届かないものだからである。そのために，例えば（無意識の表われの代表的なものとしての）夢の分析などを手がかりとせざるをえないのである。

　このように，自己分析は困難な，長い道のりの作業——このプロセスは同時に自己形成でもあるのだが——である。しかし我々の人生においては，いくら困難であれ，それに乗り出さざるをえないときがある。すでに述べたように，

深層心理学の目的は「自分自身を知り，それによってよりよく生きること」である。従って，「よく生きること」が難しくなったとき，「自分自身を知りたい，知らねばならぬ」という事態が生じる。「よく生きることが難しくなったとき」とは，例えば自分の気持ちがコントロールできなくなったときや，「どうしてこんなにあいつが嫌いなんだろう」といった，対人関係がうまくいかないとき，あるいは失恋などの挫折や，人生の目的を喪失して虚しくなったときなど，個人差はあれ，生きていれば必ずといっていいほど遭遇する状況である。そのようなとき我々は「どうしたらよいのだろうか」「これからどう生きていったらよいのか」と，気持ちが内向化し苦悩する。そして自分を見つめ直すきっかけを得るのである。

深層心理学に触れるきっかけは，このような，生きていく上で出遭う「悩み」であると言える（これが知的好奇心を駆動力とする諸科学と大きく異なるところである）。そしてここから，なぜ深層心理学が「臨床心理学」——即ち，こころに障害を負って通常の日常生活を送ることに支障が生じるようになったひとに対し，そのこころの問題の査定・サポート・予防を考える，心理学の分野——における療法（セラピー）の1つとして発達してきたのかが理解できるのである。神経症といった，こころの病にあるひとの——深層心理学的表現で言えば——意識と無意識のバランスは，健常者（ただし「こころの病にあるひと」との境界は，はっきり引けるものではない）におけるそれらのバランスよりくずれており，またコンフリクトを起こしている。それが症状となって現れているわけであり，それ故，こころの内面の解明と理解が強く求められるのである。もちろんだからと言って深層心理学と臨床心理学は決して同一のものではない。前者は健常者も行うものであり，その究極の目的は繰り返し言うように，自己理解を深めることによってよりよく生きることである。それに対し後者は基本的にこころの治療の専門家がクライアントに対して行うものであり，その目的は日常生活への再適応である。

第2節　深層心理学の方法（Ⅰ）——「2つの現実」

　最初に少々長くなるが，河合隼雄の文章から引用してみよう。「精神分析は『科学』ではない，という論があるし，筆者もそう思っている。ただ，そこから，『だから精神分析は信用できない』とか，『無用』である，という結論にジャンプしないだけである。『自然科学』以外に有用なものも，信頼できるものも沢山存在している。それでは，深層心理学をどのように考えるのか。筆者は，これを『私の心理学』として考えるのが一番適切ではないか，と考えている。我々はいろいろな事象を理解したいと思っている。自然科学はそのなかの極めて有効な方法である。しかし，その出発の基礎に，『私の消失』があることを注目しなくてはならない。というよりは，それは『私』を出来る限り排除することにより，その普遍性を獲得してきたのである。……つまり，自然科学の方法は，『自』と『他』の明確な分割によって，その結果に『私性』がはいりこまないようにしているので，その法則は万人共通であり，他に適用できる。しかし，深層心理学は，私による私の理解の方法なので，それはあくまで，ある人が自分自身の理解をはじめようとするときに，その人自身が行う探索に役立つかも知れぬこととして提示はできても，それをその人には『適用』できないのである。……『私』の心理学といっても，それは『内界』ばかりを見ていることを意味しない。例えば，ある人の母親が交通事故で死亡する。そのとき，その人は『なぜ母は死んだのか』という問いを発する。これに対して，自然科学は，『出血多量により』とか『頭蓋骨の損傷により』とか説明してくれる。その説明は正しくはあっても，その人を満足させるものではない。その人の問いは，『なぜ私の母が死んだのか』ということ，つまり，その人にとっての意味を問うているのである。……『私』の心理学はこのように，個々の人が個々に自分に対して探索を行うことになるが，そこには自然科学とは異なる次元での普遍性が生じてくる。それは個を消して普遍を研究することによる普遍ではなく，個により普遍に至る道である。……『私』の心理学はそれを

行う主体としての個人によって，ある程度の差が生じるのは当然であり，その個人の属する文化や社会によって異なってくるのも当然である。しかし，『私』の探求が深くすすめばすすむほど，それは文化や社会の差をこえた普遍性をもつことになるだろう。」（河合，1991年，p.14ff. から適宜引用。傍点は原文のまま）

　さて，以下では河合によるこのような主張を考慮しながら，深層心理学の学問的性質・方法について考えてみたい。

　我々が関わっている現実には2種類の現実がある。別の言い方をすれば現実への2通りの関わり方がある，と言ってもよい。第1は「物理的（客観的）現実」であり，（実験心理学も含めた）自然科学——それ故近代の自然科学の成立以降，この現実観・アプローチは誕生したわけだが——が対象とする現実である。それは究極的には記号と数量による公式によって抽象的に記述される現実である。自然科学的方法は，研究対象（客体）とは直接関わりのない主体が，価値観に左右されることなく，実験や観察によって事象と事象との間の因果関係を説明し，それらの間に一般的法則を打ち立てる（仮説を立て，それを検証する）ものである。1879年，W. ヴントにより心理学実験室が作り出されて成立した実験心理学も又，この，物理学を範とした自然科学的方法（仮説，実験調査，統計）に則った営みであり，（初期の動物〔鼠など〕実験から今日のコンピューターの駆使への変転はあれ）その営みが求めるのは，実験者（観察者）の「主観」（私性）を徹底して排除した「客観的事実」（実証性）であることに変わりはない。目下のところ，実証科学的方法が，とくに成果を上げているのは，認知，記憶，情報処理，学習といったような「葛藤から自由な自我の領域」（H. ハルトマン）であると言える。

　以上のような，自然科学が関わる物理的―客観的現実に対峙しているのが「心的現実」と言えるものである。それは私（あるいは各人）によって独自に意味づけられている現実（主観的現実），私あるいはそのひとによってそう見えている（解釈されている）現実（＝自分自身，他者，事態）である。それは各自によって異なっており，その理由は何よりも，河合の上記の引用文にもあったように，何らかの事態が生じているとき，その原因に関わるのではなく，その意

味に関わるからである。心的現実は「意味づけ」の世界である。それ故，同じ事態に対し各自が同じ意味づけをするとは限らない。例えば誰かが100万円を寄付したことに対し，あるひとは「りっぱだなあ」と捉えるかもしれないし，別のひとは「どうせ売名行為だ」と一笑に付すかもしれない。第三者が同じ行為をしたとしても，（大げさに言えばそれまでの人生経験によって培われてきた人間観・人間に対する見方に応じて）その行為に対する意味づけ・解釈が異なってくるのである。

　このことは何も自分以外のこととは限らない。例えば誰が見ても美しい女性が，自分の顔がそれこそ「イグアナ」のように見えて悩んでいるということがある（対人恐怖の1つである醜貌恐怖）。このような女性に「あなたは，統計上から判定しても美人の基本形の内に入ります」とどんなに説明しても無駄であろう。思い込みの程度にもよるだろうが，「美容整形」によって彼女の顔の「客観的・物理的現実」を変えても，「イグアナ」に見えているという事態は変わるまい。彼女は自分の容貌を醜いものと意味づけてしまっているのである（そしてその深層には，それにつながっているさらなるこころの問題がありそうである）。

　深層心理学が問題とするのは，このような「心的現実」なのである。それは私も含めて各人が各人なりに意味づけ，解釈している現実である。しかし，各人においてまちまちであるからと言って，それは変化しない（変えられない）現実ではない。自己理解の，あるいは他者理解の深まりや新たな体験との出会いによる自己変容によって，そのような意味づけは，変化しうる（させうる）のである。

　心的現実を表現し，理解する上で重要なのが「イメージ」である（河合，1991年，p.11ff.）。先の女性の「イグアナ」もそうであるが，心的現実とはイメージで表現されることが多い。心的現実とはイメージとしての現実である。例えば，「親父は鬼のような奴だ」とか「死んだ母がいつも背中にいてくれるから大丈夫」といったようなイメージ表現を，我々は日常生活で頻繁に用いる。そしてそれらは決して一義的な科学言語ではないが，他者との会話の中で，そ

れらを理解できるのである。さらに，イメージは決して言語的なものだけに限定されない。絵画的なものであったり，音楽的なものであったりする。

　深層心理学は，それらの言語的な，絵画的な，あるいは音楽的な表現から，それらの表現の背後にあり本人（自分自身の場合も含めて）が意識していない（意識することが妨げられている場合も含めて）こころの深層のメッセージを理解する学問なのである。

　この点で，深層心理学の方法は，先に述べた，観察・仮説の打立てと実験による検証・統計的情報処理・法則の定立といった自然科学的方法ではなく，とくに19世紀以降ドイツ哲学において彫琢されてきた「解釈学（hermeneutics）」的方法に依拠する。それは自然科学に対して文学研究や芸術学も含めた人文科学（精神科学）独自の方法として打ち出されてきたものである。例えば，19世紀末から20世紀初めにかけて活躍した哲学者・精神史家である W. ディルタイは，「我々は自然を説明し，精神を理解する」というモットーに従って，「体験→表現→理解」という手続きに則った精神科学の方法論的基礎づけを確立した[1]。

　ディルタイが提示した，この体験，表現そして理解の間の連関は，深層心理学の方法的手続きにとって極めて示唆的である。我々は自分が体験したことを文字であれ絵であれ，客観的に表現する（そしてその際重要なことは，この客体的表現は，本人が自覚している〔意識している〕内容を超えたメッセージを伝えていることがある，ということである）。そして我々はこの表現物（イメージ）を媒介にして，その体験の意味・意義を理解する（他者の体験の場合は追体験する，と言ってよいだろう）。このことを例えば，「夢を見る」という体験で図示してみると，

図表 1 - 1

| 夢を見る　──→　書きとめる（文章や絵）　──→　何を言おうとしているか解釈する（理解） |
| （体験）　　　　　（表現）　　　　　　　　　　　　　　　　　　　　（追体験） |

ということになる。このことは臨床的次元においても適用できる。例えば「確認強迫（ex. ガスや電気のスイッチを消したかどうか気になって仕方がないこと）」に苦しんでいるひとに対して患者が（及び治療者が共同して）行うことは，

図表 1-2

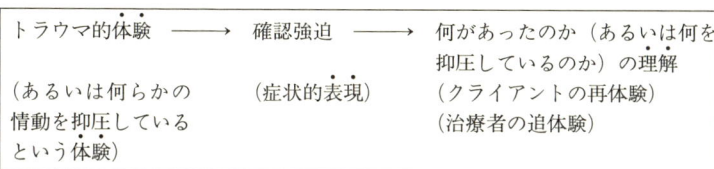

ということになるのである[2]。

第3節　深層心理学の方法（Ⅱ）——「理解」

　以上のように，深層心理学の方法的手続きを説明したが，その手続きの中でも最も重要な契機である「理解」ということについて，さらに説明しておきたい。

　理解とは，（自分自身も含めて）そのひと独自の意味づけ・イメージを把握することと言えるが，それが自分の対象的表現なのか，他者の対象的表現なのか，に応じて前者は「反省（reflexion）」もしくは「内省（introspection）」，そして後者は「共感（empathy）」という行為となる。反省・内省とは，自分の行動やこころの動きに対して距離を置きつつ注意を向けることである。そしてそれらが発動された動機を意識にもたらすことである。ただしその際，深層心理学的には，よく反省すれば，その表現（行為も含めて）がなされた動機が意識に届く（意識化可能な）次元の性質のもの（後述するようにフロイトは，この次元を「前意識」と呼ぶ）と，その動機の，例えば反道徳性・反社会性故に「無意識」に押し込められているために，とくに「表現」の媒介が不可欠となり（例えばフロイト派では「自由連想法」[1]，ユング派では「拡充法」[2]といった）特殊なやり方によって意識化可能にする次元の性質のものとがあることに留意せねばならない。

　（そして又，日常生活の語法では例えば「反省しなさい！」と子どもに言うときのように，自分自身の道徳的裁きの実行をそのニュアンスにもつことがあるが，ここで言う反省はもちろんそうではない。もっともこの対自的反省により，そのような

自分自身に対する道徳感情が生じることは大いにあるが。)

　次に他者の理解を意味する共感（empathy）——この言葉は，元々ドイツの美学における「感情移入（Einfühlung）」という概念が英語圏に入ってきてできた言葉であるが——に関しては，その意味・概念規定は論者によってさまざまであるが（澤田，1992年及び1998年，及び M. L. ホフマン，2001年などを参照）ここでは，大渕（1993年，p.62ff.）同様，N. Feshbach（1984年）に従い，「人の感情的経験をその人の身になって感じること」であり，それは「相手の身になってものごとをみること」「パースペクティブ・テーキング」つまり「相手の立場や視点」に立つことという認知的成分と，「相手の感情と同じものを自分の中で経験すること」という情動的成分の両方から成り立つとしておく（さらに言えば，その経験が悲しみや苦しみの場合には，共感に続いて同情（sympathy）という情動が生じる可能性がある。その点で，共感と同情は別概念である）。

　我々は共感によって他者を，他者の心的生活の表出を理解する。もちろん相手によっては（とくに臨床的には）共感が生じず，むしろ「反感」や「違和感」すら感じることもあるであろう[3]。しかしむしろここで強調しておくべきことは，自然科学的な方法的手続きに立脚した科学的心理学との相違である。すでに述べたように，科学的心理学においては，研究主体である自分とは全く無関係な（サンプルとしての）他者に対し，価値観を抜きにした実験や調査が施される。しかし，深層心理学における他者理解は，相手のこころとの豊かな「融合」を必要とする。そこにおいて主体は——そして相手もそのとき，客体（対象）ではなく，もうひとりの主体になるが——その十分な共感能力を（相手の立場になってみる認知的能力と同様）前提とする。決して主観を排して，できるだけ対象を冷静に，外から眺めることは求められていない（そのような態度や雰囲気は，むしろ相手を不快にし，こころを閉ざさせるだけだろう）。主観ということで言うならば，ここには2種類の主観が存在する。1つは「排除すべき主観」であり，自分に都合のよいように物事を歪めたり，逆に都合の悪いことからは目をそらせる主観を意味し，このような主観を排することは，学問に携わる者すべてに要求されることである。しかし主観にはもう1つ「大いに関わら

せるべき主観」があるのであり，それは自分を，そして他者をもっともっと理解したい（そしてそれによってよりよく生きたい，生きてもらいたい）という信念につき動かされる主観である。深層心理学が「自分（相手）をよく知り，それによってよりよく生きる（自他共に）」という実践的目標をもつ以上，このような主観を放棄することはできないし，自然科学的意味での「価値中立」ではありえないのである。むしろ，より多く自分を関わらせることによって，より深く自他を理解できるようになるのであり，そしてそのためには豊かな経験という下地が必要である（臨床の場では，相手〔クライアント〕との間に「ラポール（信頼関係）[4]」をまず築く必要がある。観察的に距離を置いた態度では，それは生まれてこないのである）。

　しかし，相手の気持ちに共感，融合（同一化）するだけでは，成熟した理解は成立しないことにも留意せねばならない。あくまで自分と相手とは別人なのだ，という距離感も同時に必要である。さもないと，時に相手の激しい情動に呑み込まれて動きが取れなくなってしまうだろう（例えて言えば，誰かの死の床で泣き叫ぶ，その死に逝くひとの近親者の情動に完全に同一化してしまっては，医療関係者は，そのひとの死へのプロセスを冷静に看取ることはできなくなってしまう。いくら生前，その患者と自分が親しかったにしても，である）。

　この点で示唆的なのが，角田による「共感経験尺度改訂版」（堀監修／吉田編，2001年, p.126ff.）である。彼は共感を「能動的または想像的に他者の立場に自分を置くことで，自分とは異なる存在である他者の感情を体験すること」と定義し，（他者との感情を分かちもつ）共有経験と，（他者の感情を感じとれなかった経験であり，自己と他者の間に個別性の認識を生むと考えられる）共有不全経験とを区別する。そして共感性が高く成熟しているものから順に，「両向型」（共有経験，共有不全経験ともに高く，他者理解を可能にする最も高い共感性），「共有型」（共有経験は高いが個別性の認識は低く，共有経験を自己にひきつけて捉えてしまう未熟な共感），「不全型」（共有不全経験が高く共有経験が低い。自己と他者の間に越えがたい障壁があり，その意味での孤独感をもちやすい），「両貧型」（両方の経験が少ない。対人関係そのものが弱く，共感性が最も低い）と名づけて尺度化したの

である。

　今の文脈で重要なのは,「両向型」であることは言うまでもないだろう。我々は他者理解において,一方では他者の立場になってその情動を共有すると共に,他方ではあくまで自分は自分,他者は他者という一定の距離化,分離―自立化が必要なのである。おそらくこういったリアリティーを指して,H. S. サリヴァンの「参与しながらの観察（participant observation）」という言葉は存在するのだろう。

　さて,深層心理学に対して誰もがそう思うし,又よく投げかけられる疑問（ときには批判）は,例えば夢の解釈をしたとして,その解釈が「正しい」とどうして言えるのか,といったたぐいのものである（そして悲しいことに巷にあふれている「深層心理テストごっこ」がこのような疑いを助長している）。もっと言えば,フロイト派とユング派が同じ夢を解釈したとして全く異なった答えが返ってくる（実際そういうことが多いのだが）のは,どう説明するのか,（デタラメじゃないか）という非難である。

　だが,このような疑問（批判）は,自然科学的な方法的手続きに影響された考え方,つまり「唯一正しい,誰もが知性的に承認せざるをえない,客観的真理」という概念を深層心理学に誤用しようとするものである。何度も書いたように,深層心理学が扱う現実は,客観的現実ではなく,そのひとが意味づけた現実,イメージである。そのイメージを,同じくイメージを抱きつつ生きている解釈者が――解釈者と雖も,自分自身の主観世界,イメージから自由になれない,白紙になれない,ということははっきりさせておかねばならないが――本人が理解・解釈するのを手助けするのである（自己理解の場合は,自己の表出物を媒介に自由に連想しつつ,プロセスを実行する）。そうすることによって,本人の深層心理・無意識にあるものは,さまざまな側面から光を当てられるのである。そのひとが生きた人生の中で。誤解されてはならないのは,解釈者が,「これが（その夢が）言いたいことです」と一方的に押しつけるものではない,ということである。自己の夢であれ,相手の夢であれ,あるいはその他の表現物であれ,それは丁度,角度によって,あるいは光の当たり方によって見え方

第3節　深層心理学の方法（II）　21

が異なってくる立体であり，さまざまな解釈はむしろ，互いに補い合って豊かにされていくものとみなされるべきであろう。

　1つのイメージに対し，さまざまな解釈が存在しうることは，丁度ある文学作品にさまざまな解釈・説があるのと同じである。それぞれの解釈に，解釈者たちの人生観や（大げさには）思想というものが反映する。そしてその際，書(描)いた当人が一番「正しく」「よく」理解しているとは限らない。そう思うひとは，つまり「自分のことは自分が一番よくわかっている」と考えるひとは，ナルシシストではなかろうか。

　知っているひとが多いだろうが，1966年にジョー・ルフトとハリー・イングラムが共同で（2人の名を合体して）発表した「ジョハリの窓」という図式がある（図表1-3）。この図式によると，あらゆる個人は4つの自分の部分を他者（友人・知人）との関係でもつことになる。即ち，

①自分が知っていて，友人も知っている自分の領域。「オモテの領域」とも言える。

②自分は知っているが，友人は知らない自分の領域。「ウラの領域」とも言える。

③自分は気づいていないが，友人は気づいている自分の領域。だから友人に指摘されない限り，自分にとって「盲点になっている領域」である。

④自分も友人も気づいていない自分の領域。「未知の領域」の自分であり，無意識の中にある。

図表1-3　ジョハリの窓

		自分が	
		知っている	知らない
友人が	知っている	①オモテの領域	③盲点になっている領域
	知らない	②ウラの領域	④未知の領域

（大村，1998年より）

　このジョハリの窓が妥当するなら，その①～④のすべてが自分ということに

なる。しかし我々は普段，①と②だけを自分のことだと思い込んでいるのである。それに対し③，とりわけ④の次元を明るみに出したのが，精神分析，広くは深層心理学の功績だと言えるのではないか。しばしば言われることだが，人類はその歴史において3度そのナルシシズムを打ち壊された。第1に，コペルニクスの地動説は，地球（我々人間）中心に宇宙が回っているという考えを打ち砕いた。そして第2に，Ch. ダーウィンは，人間は猿と祖先を同じくすることを明らかにし，その進化論でもって，「神のイマーゴ」としての人間という見方を打ち砕いた。そしてフロイトの精神分析は「自分のことは自分が一番よく知っている」という人間の己惚れを，無意識という次元の探索——彼が最初に無意識ということを言い出したのではないけれども——によって瓦解させたのである。

　話を元に戻せば，ジョハリの窓において①〜④すべてが自分の一部であるように，あるイメージや夢に対する解釈は，それぞれがその意味を各々の視点において言い当てている（イメージの作者や夢見人自身の解釈はさし当たり①や②にすぎない）。しかしながら，では逆にどんな解釈でもありなのか，というとそうではない。ここにおいては，客観主義か，さもなくばバラバラの相対主義なのか，という二分法的発想を捨てねばならない[5]。あえて言えば，（臨床の場における夢分析に限定すれば）クライアント本人の，夢に出てきた事象などに関する連想をきっかけにして，分析者との共同作業（対話）の中で誕生してきた解釈が「浅い」か「深い」か，が重要なのだ（ジョハリの窓で言えば③，とくに④の内容を「穿っている」かどうか，が大切なのである）。もちろん，クライアント（あるいは分析家）の一方的納得（反論）は，その解釈が的を射ていることの証拠では全くない（媚びるために分析者の言うことを受け入れたり，「陰性転移[6]」から反論したりしうるからだ）。そして又，重要なのは，単なる知的洞察ではなく，情動を伴った洞察による変革である。

　そういった意味で，あえて「正しい」解釈を問うなら，それは本人がそれによって「よりよく生きていく」心身の「実感」を与える解釈であり，俗に言う「腑に落ちる」洞察である。「ああ，（そうだったんだ，そういうことか）体験」

(K. ビューラー）と言ってもよい体悟・体感の経験である。そのような情動的な心身の全体的関与を伴った（自己理解の場合は）反省と（他者理解の場合は）共感[7]こそが真に理解が生起するための手続きなのである。

　フロイト，ユング，アドラーそしてその他の代表的な心理学者たちは，その生涯において出遭ったさまざまな人生上の事柄に悩みつつ，その実感に基づいてこころの理論を考えていった。だからこころについての考え方は，それぞれのひとの人生観・人間観と強く結びついている。従ってたしかに，彼らの人生観・価値観がそこに刻印されている。それ故これだ，と1つの「正しい理論」を特定はできないが，しかし考えてみればむしろ「よりよい生き方，人生観」が1つしか許されていない社会体制こそ恐ろしいのではなかろうか。だから大切なのは，異なった者同士の「対話の続行」「共生」であると言えよう。もちろん「自己反省の学」として深層心理学は，己の学問的方法自体にたえず疑問をもち続けることも重要であることは言うまでもないが。

第2章
「母性社会」日本

第1節 「母(父)性原理」と「場(個)の倫理」[1]

　本章では，日本人の伝統的なものの考え方や感じ方，あるいは人間関係のあり方を日本ユング派に従って「母性原理」の働きの強さ，という観点から，さまざまな局面において考察することとしたい。

　ユングは，男女を問わず，人間のこころには男性原理（別名「ロゴス」。合理性，論理，知性の働き）と女性原理（別名「エロス」。感情，受容，関係づけの働き）の2つの原理が存在しており，両者が個人の中で調和し合って，存在する必要性を強調した（A. サミュエルズ，1990年，p.363ff.）が，わが国にユング心理学を紹介すると同時に，心理臨床において日本ユング派を形成し，ユング研究とそれに基づいた実践活動の第一人者だったと言ってよい河合隼雄は，ユングのこの考えに手がかりを得て，あらゆるひとのこころには，男女を問わず母性原理と父性原理の両方が存在しつつ働いている，と主張した[2]。そしてこの相対立する原理は，社会的―文化的レベルにおいて，つまり宗教，道徳，法などの根本において，ある程度融合しつつも，そのバランスのあり方によって当該社会・文化の特性を作り出している。即ちこの両原理はどちらも必要なのだが，たいていはどちらかが優勢に働いており，他方は抑圧されていたり，あるいはさまざまな形で「補償（compensation）」[3]をしていたりするのである。

　母性原理は，すべてのものを包含する機能をもち，それらを絶対的平等性において見る。それは母―子モデルによって表わされ，すべてが母親によって暖かく包まれるというイメージが人間関係の根本において働いており，個と個の関係よりも，「身内」としての一体感をもちうることが大切となる。母性原理

は，肯定的には生み育てるという機能をもつが，否定的には——一体感という根本原理の破壊を許さぬ故——相手（個）を呑み込んでしまい，その自立を妨げてしまうことになる。

これに対して父性原理は，切断し分離する機能をもつ。それは父—子モデルによって表わされるように，子をその能力や個性に応じて区別し，そこにおいては子は，強い父性の力によって母親から分離し，はっきりと他者と区別された「個」の自覚をもつことが促される。父性原理は，肯定的には強い者を育てる建設性をもつが，否定的には，切断の力が強すぎることから由来する破壊性をもつことになる。

そしてわが国においては母性原理が優位しており——それ故に河合は，日本社会を「母性社会」と特徴づけるわけだが——（後述するように）全体としての場の調和やバランスの維持が，さまざまな局面において重要視されるのに対して，欧米では父性原理が優位に立ち，そこでは個人の個性や権利が重要視される。しかしこれはあくまで相対的な評定なのであって，アジアの他の諸国との比較——もちろん国によるけれども——日本はより父性的なのである[4]。

父性原理と母性原理は，それぞれに対応した倫理観を発達させる。即ち「個の倫理」と「場の倫理」がそれであり，前者が個人の成長，自我の確立，欲求充足に高い価値を与える倫理観だとすると，後者は，与えられた「場」[5]の平衡状態の維持に最も高い価値を与える倫理観である。即ち「場の倫理」においては，各人の個人的欲求を満たすことよりも，全体の場のバランス状態の維持が優位に置かれ，何よりもまず全体としての場における母性的安全感に満ちた一体感的関係を優先させつつ，各自はその中で自分の欲求を充足したり個性を顕わすことを考えるのである（これに比して「個の倫理」においては，場の形成よりも個の確立が優先し，その後に個人と個人の関係の樹立が図られる）。

母性原理が相対的に強く働いているわが国においては，従って「場の倫理」が人々の思考や行動の統制的機能を果たすこととなる。即ち「日本人は一旦形成された場をできるかぎり維持しようとする傾向をも」（河合，1976年，p.60）ち，「日本人のアイデンティティは，その個人が所属すると考えている集団，とい

うよりは『場』によって支えられている」(同上，1990年，p.181)のである。言語的契約によって人間関係が形成される西洋的な「個の倫理」と異なり，日本的な「場の倫理」においては，非言語的な「察しのよい」関係が好まれ，「身内」と感じる者たちとのバランスを如何に保っていくかということが重要視される。そして——このことについては後の章で詳述するが——そこにおいては，言語化されたものとしての善悪の明確な規範によって道徳的判断がなされるよりもむしろ，何か生じたときには，それを如何にして全体の平衡状態の中に吸収していくかが肝要とされ，このことは場のメンバーの個人サイドにおいては，(自分が場のバランスを乱しそうなとき規制的なものとして生じる)「恥」という感情機能によってそれを支え，修復することになるのである。

参考までに，安渓・矢吹による父性原理（個の倫理）と母性原理（場の倫理）との対比図式を載せておく（安渓・矢吹，1989年，p.43）。

図表2-1　父性原理（「個の倫理」）と母性原理（「場の倫理」）の対比

	父 性 原 理	母 性 原 理
基本的機能	切断	包含
目標	個性の確立と発達	場の形成とその均衡状態の維持
社会における存在様式	個人差の確認	絶対的平等性の実感
人間関係	契約関係	相互的な共生関係
伝達	言語的	非言語的
指導者の役割	権威	調整
責任	個人的	場依存的
変化の型	直線的	円環的

（安渓・矢吹，1989年より）

さて，「場の倫理」と「個の倫理」に関して一般的なことを対比的に述べたが，ここで「日本的な場の倫理」の特徴について，箇条書き的にさらに言及しておこうと思う。

(1) 強いウチ／ソト（ヨソ）の区別意識の存在

何らかの集団（場）に所属している限り，(時に強いプライドを伴った)所属

意識をもち，それはその集団（組織）の上部から末端までを結びつける（ex.「うちの社」「ヨソさん」という言い回しの存在）。そしてメンバーが不祥事を起こしたときは（事柄にもよるが）場ぐるみで隠蔽するが，ヨソの者（ライバル）に対しては，同じことをしたら強い非難を投げつける（内部道徳／外部道徳）。何よりも個人が恐れるのは，それ故，場のメンバーに保護されなくなること，無視（シカト）されることである（伝統的な用語で言えば「村八分」である）。

(2) 個人が自分を目立たせることのタブー視

ある個人の抜けがけ的功名（スタンドプレー）は，それがどんなにその人物のずば抜けた能力の発揮であっても，場全体のバランスをくずすこととして忌み嫌われる。チームプレーで勝ったときは「皆よくやった」のであり，功績を上げた当人は「周りのひとのおかげで……」と言わねばならず，又あるポストについたことが自分がそれを望んだことであったとしても，「みなさんの要望に応えて」とか「ご期待に添うよう」と言わなければならない。

(3) 能力に対する平等信仰

すでに述べたように，母性原理においてはすべてを絶対的平等性（例えて言えば「わが子である限り皆かわいい」）において捉えるので，能力差からはできるだけ目をそむける傾向が出てくる。それが極端になると，「人間に能力差などない」即ち「努力すれば誰だってできる」という「平等幻想」に陥るのである。ここからとくに義務教育の場において序列づけ（例えば学力別クラス編成）への根強い抵抗が母親側から出てくることになる（しかしながら能力平等信仰の犠牲者は子どもたち自身であり，小さい頃植えつけられた幼児的万能感のちょっとした傷つきから「ひきこもり」に陥る青年の存在は看過できない状況となってしまったし，平等を建て前としつつも実は不平等であることから，さまざまな妬みが胚胎しているのが，わが国の病理的特徴である）。

(4) 能力以外の基準による序列化

能力の平等主義を建て前とする以上，それ以外の尺度で場（集団）の維持のための系列を意思決定のためには設けざるをえない。こうしてわが国の企業

組織においては，所謂「年功序列」が形成され，年齢・入社年次・勤続期間の長短などによって順に上からポストに就いていけば，誰からも不満が出ないというシステムが導入されてきた。しかしそのようにして選ばれるわが国のリーダーは当然のことながら強いリーダーシップをもたない。彼（女）は，場全体の力関係に支配されており，場のバランスを乱さぬように発言せねばならない。極端に言えば自分自身の考えをもたないコーディネーターであり，そういう人物が一番「無難」なのである（近年わが国の企業ではこの従来的な年功序列給与から業績給与への給与体系の変換がなされているが，評定者が旧来的な「日本人的」な人物のままである限り，「茶坊主」や「おべっか使い」を増やすだけの不愉快な職場を作り出している。このことについては，例えば齋藤，1998年，p.231ff. を参照のこと）。

(5) 責任主体の曖昧化あるいは「連帯責任」

西欧的な「個の倫理」下では，権利主張が大きく認められるのと同時に，その個人に厳しい責任が帰される。これに対し，わが国の「場の倫理」の下では，全体が決定を下すことになるので（「異議なし」「満場一致」を好む），その決定に従って遂行されたことがうまく行かなかったとき，責任の所在あるいはその主体は限りなく曖昧化されるか，連帯責任の名の下に関係者全員が負わねばならぬこととなる（このことに関連して興味深い事実として，刑法において日本で独自にあみ出された理論である「共謀共同正犯」というものの存在である。実行行為をした者だけでなく，謀議に加わった者たちも同罪とされるのであるが，日本がその刑法作成の範としたドイツ刑法には，少なくともこのような規定は存在しないという[6]）。

さて，上のように列挙すると，日本的な「場の倫理」がネガティヴなもので，そのマイナス面が強調されたように思えてくるかもしれない。しかし，西洋的な「個の倫理」にも問題点は存在する。例えば父性原理に従って小さな頃から「能力のないダメな奴」という烙印を押され続け，切り捨てられ続けた者の疎外感は如何ばかりのものかと思えてくるし，また「個の倫理」の下では，個人の権利要求が重視されるから，個々人の権利要求の妥協（示談）を知らな

いぶつかり合い（相手に簡単に謝罪などしない）という事態が容易に予想されるのである。これに対し，日本的な「場の倫理」においては，（少なくとも場の内にいる限り）暖かい情緒的一体感を感じることができる，と言えよう。

　こうなると，両者のよい点を融合できないだろうか，つまり個々人が自立しつつその権利要求や能力が十分認められながらも，しかも全体が暖かい一体感を実現している境地は実現できないだろうか，と考えたくなるが，いずれも長い文化の中で培われてきたものである以上，そう簡単にはいかないだろう。とりあえず日本的な「場の倫理」は，西洋的な「個の倫理」との葛藤にもっとさらされて，そのメンバーの「自我」が脆弱なものから，より強固なものへと鍛えられる必要があろう。そのための1つの手がかりは，わが国における「父性」の位置づけ・捉え直しということであると思われる。

　ところで，この節を読んできたひとの中には，「何故わが国においては母性原理の方が強く働いているのか」という素朴な疑問をもったひともいるであろう。ユング心理学になじんでいるひとには「グレートマザー元型」[7]の働きが強いから，ということが一応の説明になろうが，それではぴんと来ないひともいるにちがいない。

　宗教学者の松本（1987年，p.1ff.）は，文化人類学者の石田英一郎らの主張に依拠しつつ，文化の基本的二類型を「遊牧文化型」と「農耕文化型」に分け，前者の世界観に根差した諸宗教（例えば，ユダヤ教，キリスト教，イスラム教など）を「父性的宗教」——宇宙を超越した絶対者としての神の観念が支配的——と呼び，後者の世界観に発する諸宗教（例えば，ヒンドゥー教，仏教，道教など）を「母性的宗教」——宇宙の中に人間と共にある神の観念が支配的——と呼んで区分している。松本によると，母性的宗教は，母性原理に基づいた宗教であり，人間心理の発達の原初的段階である，自他未分化のような，母親によって代表される世界との一体性の状態に結びついている。というか自然的な共同体それ自体がすでに母性的なものであり，「独立した個の自覚あるいは自律的精神とはうらはらに，そこにある成員を包含し和合せしめていく共同体の力」（同上，p.20）が母性以外の何物でもないのであり，「母なるもの」はまさに

そのシンボルである。では何故「農耕文化型」社会と母性的宗教が強く結びつくかというと、それは水田稲作、水稲農業が必然的にそれを要求したのである。加賀（2006年，p.80f.）に従って言えば、我々が今食べている温帯ジャポニカ米——アジアイネは生態型によってインディカ米及びジャポニカ米に分類され、後者はさらに、温帯ジャポニカ米と熱帯ジャポニカ（ジャバニカ）米に分けられる[8]——と水田栽培の技術が九州に伝わったのは、3000年ぐらい前であるが、「東南アジアで栽培されているインディカ米は、たいして世話をせず放っておいても収穫量にほとんど差がないらしいですが、ジャポニカ米の場合は手間がかかります。……灌漑水田稲作というのは個人や家単位では行えません。……土地を開墾し川から水を引くには、どうしたってみんなで助け合わなければならない。……集落に住む者たちは地縁、血縁、そして共同作業から生まれる団結心によって強く結ばれ、同時に縛られてもいたわけです。……そんな農村共同体で生きてきたのですから、私たち日本人が和を重んじるようになったのは必然と言えるのかもしれません。『和』とは、『……他人との関係を考えながら自分の進む方向を決めましょう』ということです。この日本人の気質は、よい面を取りあげれば『協調性がある』と言えるけれど、悪く言えば『自分がない』」。

以上のように加賀は述べている。ここから「場の倫理」が出来するのは十分理解できる。

本節では、人間のこころには母性原理と父性原理の両方が働いているが、たいていはどちらかの方が優勢であり、それが集団レベルにまで拡大されると、「場の倫理」が「個の倫理」のいずれかが支配的になることを述べてきたが、ユング的な深層心理学的説明は、このような文化人類学的社会学的説明によって、より説得的に補完されるかもしれない。

第2節　育児の仕方の日米比較

生物学における有名な学説に「個体発生は系統発生をくり返す」（E. H. ヘッ

ケル）というのがある。個体発生（ontogeny）とは「生物のある個体が卵から発生し成長していく過程」であり，この個体はその成長においてそれが属する種や類の成立過程の歴史をくり返すため，その「解析が系統発生（phylogeny）を知る手続となる[1]」ということであるが，適用範囲が広いため，生物学以外の学問領域へもこの学説が応用されることがある。そして本章が第1節で問題にした母性的な「場の倫理」が強く働いている社会に適応している現代日本人の特質は，長い歴史の中で形成されてきたものであるが，そこへと生まれおちた個人は，おそらく赤ん坊の段階からそれに見合ったパーソナリティを身につけるように，しつけられ，社会化されたであろう。日本社会において「いい子」としてやっていっておくれ，と願う（母）親は，ほとんど意識することなく，自分がしつけられたようにわが子をしつけるであろう。こうしてひとりの「日本人」が誕生するわけだが，それは決して世界的に普遍的なパーソナリティではない（もちろん人間として普遍的な側面があることを否定するものではないが）。しかし上にも述べたように，日本人らしくなっていくしつけがどのようなものであるのかは，しつけている者としつけられる者によってほとんど意識化・反省化されることなく――もちろん個々の（母）親がしつけの具体的諸場面で大いに悩むことは多々あろうが――自明視されている。そのことは，上に言ってきたことから，日本人のしつけ・子育てのあり方の歴史自体が反省されることなく自明視されることにつながりうるわけだが――もちろん育児の仕方の歴史的変化は当然としても――まあそんな大げさなことはともかくとして，自分がどうしつけられてきたか，あるいは子どもをどうしつけているかを，意識的に反省することは，つまり「日本人になる」ことの個体発生を探れば，それによって日本人の国民性の成立プロセスの要点を知ることにつながり，今の日本の子どものあり方に問題視されるべき事柄が出来ているとしたら，それは個体発生のレベルで何か共通した問題視されるべき特徴があるのでは，と予想できるのである。

　「はじめに」において述べたように，我々が自明的なものを決してそうではないのだ，と反省するには2つのことが便利である。第1にそれとは異質なも

の（異文化）を探り比較することであり，第2にうまく適応できなくなった病理的なあり方を分析してみることである。しつけ（子育て）のあり方を反省してみるにはどちらのやり方も可能であろうが，ここでは前者（のみ）を採用したい。というのも，前者に属する「しつけの仕方の異文化比較」は先行研究の蓄積が豊かであり，また本書の目的として病的な状態を探ることは（さし当たり）考えていないからである。

さて，異文化比較の相手としてアメリカ人（ただしWASP＝白人でアングロサクソン系で宗教的にはプロテスタントのアメリカ人）を，あるいはアメリカ人を含めたものを紹介したい。その理由も上と同じ，先行研究が多いからである。

比較社会学者の恒吉（1992年, p.27）は，日米の家庭教育の特徴を以下のよう

図表2-2　日米家庭教育の特徴

日　本	ア　メ　リ　カ
家族関係[1] 　母子一体化，母性美化 　家族関係　母＝子　対　父	夫婦関係の優越 夫＝妻　対　子
子育て[2] 　寛容な子育て 　添い寝など，身体的に親子の距離が近い 　非言語的接触が多い 　親が子を先回りして世話する	従来は，厳格なしつけ，体罰 独立した子供部屋，親子分離 言語的接触が多い
叱り方[3] 　従来，諺などによる笑いの教育や群れの教育 　罪悪感や感情に訴え，子供の行為によって緊密な母子関係が傷つくことを示唆，役割遵守の強調	親の権威に訴える
伝統的子供観 　子供は元来「善」であり， 　「七つまでは神のうち」	罪深く，厳しくしつけるべき存在としての子供 （ピューリタン・カルヴァン主義）

(恒吉，1992年, p.27より)

1)　増田　1969, 1981；Hsu 1971；Lebra 1984；Vogel 1963 など
2)　Leigh and others 1964；Befu 1977；Caudill and Weinstein 1974；Caudill and Plath 1974 など
3)　DeVos 1974, 1986；小此木　1982；原・我妻　1974；Hess and others 1986；Lebra 1984；Befu 1977, 1986 など

に対比してまとめている。

これを見ると気づくことは、まず第1に、日本では母子が関係的——一体感的な母性的な人間関係を作っていること（後に述べるように、日本人は関係的相互依存的あり方で自己を捉えるが、その原点がここにある）であり、アメリカではすでに乳幼児の段

図表2-3　誰かと一緒に寝るか，それは誰か

	日本 (76)	米国 (67)
なし（1人1室）	3	47
同胞	9	17
母	14	3
両親	17	0
両親と同胞	18	0
父	3	0
その他	6	0
不明	3	0

（東・柏木・ヘス，1981年より）

階で、一個の独立した存在として子どもが捉えられていることである。わが国では母子カプセルの外に父が出されてしまい（これは父親の意義は何かという問題を導く）、これに対しアメリカでは夫婦一体ということが行動においても強調され、子は（きつい言い方をすれば）「置き去り」にされる。例えばアメリカの夫婦はしばしば同伴でパーティーなどに出かけるので、その間、子どもの面倒を見てくれるベビー・シッターの存在が不可欠であるが、わが国の女子学生でそのようなアルバイトを経験した者はいないであろう。また部屋もしくは寝方においても（住宅事情の違いもあろうが）、伝統的「川の字」的な添い寝や、（ベビーベッドがあるとしても両親と〔及び同胞＝きょうだいと〕同じ部屋に寝る）「共寝」が主流である。このことは、他の調査によっても示されている（図表2-3）。

また柏木によると、この共寝は最近の調査においても、家屋の広さや部屋数とほとんど無関係に多く、あくまで夫婦の親密性より母子の関係性を優先させるために行われているのだ、と結論づけられている（柏木，1993年，p.71）。家の中で家族がどのように分布して生活（就寝形態も含めて）しているか、は家の構造と相まって、個々人の自己の捉え方に大きな影響を与えることなのである。

第2に、アメリカでは子どもは——原罪に由来するのだろうが——そのままでは罪深く邪悪なものであるので、あたかも動物を調教するかのように厳しくしつけ、その際には親の権威に物を言わせて善悪の観念をたたき込む——ちょ

うどフロイトの言い回しを使えば「子どもがその両親にしたがうように強制されているように,自我はその超自我の至上命令に服従する」ようになる(フロイト,1970年,p.291)——やり方がとられる。ただしこのやり方は行きすぎると「虐待(体罰)」へとエスカレートする故,恒吉に従えば,今日では徐々に「何故いけないのか」を説明する「民主主義的な」(恒吉,前掲書,p.30)方法が奨励されるようになってきた,と言う。これに対しわが国では,昔から寛容な,甘やかす子育てが行われてきており,これが今日に至り「過保護」「母子密着」という問題を家族構造の時代的変化と共に生じさせている。いずれにせよ,アメリカの子どもは,自由を求めて「早く大人になりたい」という自立への渇望を抱くのに対し,日本の子どもは「赤ん坊陛下」(フロイト)でいられる子ども時代が終わるのを嫌がり「大人なんかになりたくない」という依存心——「甘え」と換言してもよいが——を持続させるだろうし,(母)親も又,それを望んでいるのである。それは1つには,子どもは本来「善いもの」「めでたいもの」という子ども観に起因するものであり,恒吉が図表の中で引用している「七つまでは神のうち[2]」という諺の他にも「子は天からの授かりもの」とか「子宝に恵まれる」といった言い回しから理解できるし,2つ目に,これも恒吉が書いているように,叱り方として,子どもの善くない行動によって「緊密な母子関係が傷つくことを示唆」する(例えば「そんなことする子はママ,嫌いだなあ」)わけだが,緊密つまり一体感的な関係が壊れることを嫌うのは(母)親自身もだからである。ユング派的に言えば,グレートマザーの「自立させまい」という側面が働き出すのである。この母と子の一体性は言葉による確認などしなくとも,いやすでに前言語的な次元で——言葉上のやりとりと裏腹にさえ,両者によって共有されている。とってつけた笑い話のようではあるが「日本の母親が子どもに向かって『お前はうちの子じゃない。橋の下から拾ってきた』と言っても,こどもはとくにショックを受けるわけでもなく,嘘に決まってると思うが,もしアメリカの母親が同じことを言ったら,その母親は精神病院へ入れられるか,子どもは本当の母親を捜す旅に出る」という話を聞いたことがある。

さて第3に，これについては恒吉の図表にははっきりと述べられていないが，本節の最初の方でも述べたように，日米だけでなく，どの国の親もわが子が「いい子」になってくれることを願いつつ育てる。しかし「いい子」ということでどういう子を考えるかは，文化によって異なっている，ということは十分考えられる。そしてそれぞれの文化圏の親は，さまざまな場面で，子どもに言わば「いい子アイデンティティー」が強化されるように，ほめたり叱ったりして軌道を調整するわけである。恒吉の図表によると，日本では「非言語的接触が多」く「親が子を先回りして世話する」のに対し，アメリカでは「言語的接触が多い」とあるが，これは，日本では子どもが（お腹が減っている，とかおむつが濡れている，といった）生理現象を満たしてほしいことを言語的に何も言わなくても先んじてやってもらえるということ，従って将来——親がしてくれたように自分も子をしつけると考えれば——自分もこの「察し」（相手がしてほしいことや言いたいことをこころで先んじて読む能力）を身につけるようになると思われる。これに対しアメリカでは，泣き叫ぶことも含めて，自分の意思を言語的にはっきりと相手に伝えないと，自分のしてほしいことは満たされない，ということである。特別な状況は別にして，会話における発話内容もそのまま受けとられ，裏腹の内容を読み取り行動することもない。（東が指摘するように）[3] アメリカの研究者たちは，日本の母親が「もう食べなくてもいい」と言ったら，子どもたちがあわてて食べ始めた，という現象を直ちには理解できなかったのである。またよく冗談ぽく言われるエピソードではあるが，「コーヒーはどうだ？」と言われて「いいえ，結構です」と答えたら，「何だそうか」という顔をされて，訪問の最後までコーヒーが出てこなかったことを筆者も，アメリカではないがヨーロッパで体験した。

　最後に第4として，「いい子」ということでどういう子のことを考えているか，ということを深めるために，恒吉以外の研究を見ておきたい。

　佐藤（2001年, p.126ff.）は，幼児の「自己主張」と「自己抑制」に関する母親のしつけが，わが国ではどのような状態にあるかを明らかにする（本来の目的はイギリスの母親の状態と比較すること）ために，日本国内で3歳児をもつ母親

を対象に，アンケート調査（1995年）を行った[4]（86人）。調査では10枚（10種類）の図版を用い，10場面のうち，子どもの自己主張に関係する場面を2つ，自己抑制に関係する場面を4つ選び，母親にそれを提示し，前者の場面でわが子が自己主張できているか否か，後者の場面で自己抑制できているか否か，を想定しうるそれぞれの状況に関して，どうそれを評価するか（困る・やや困る・ややよい・非常によい）選ばせ，またどうそれに対応するか（よく叱る・時々叱る・時々ほめる・よくほめる・何もしない）選ばせることをした。

　煩雑になるので，結果全体を示すのは割愛するが，それをよく反映している項目を2つ提示すると，（場面2）ブランコの順番に自分の子どもが割り込むという自己抑制の失敗（つまり，順番を待てず割り込んでしまった）という事態に対して，母親たちの評価は，困る57.5％，やや困る42.5％，ややよい0％，非常によい0％というものであり，それにどう対応するか，については，よく叱る74.7％，時々叱る20.3％，時々ほめる0％，よくほめる0％，何もしない5.1％であった。

　また（場面4）ブランコの順番に割り込んだ子どもに抗議するという自己主張の成功（つまり，わが子が割り込んだ子に対し「やめろよ」「やめなさいよ」と言えたということ）という事態に対しては，母親たちの評価は，困る2.5％，やや困る2.5％，ややよい35.4％，非常によい59.5％というものであり，それにどう対応するか，については，よく叱る2.5％，時々叱る3.8％，時々ほめる21.5％，よくほめる16.5％，何もしない55.7％であった。

　続いて佐藤は，母親が対応する際に「〈他者への配慮・周囲の目が気になる〉と答えた母親と気にならないと答えた母親との間に自己抑制の側面の評価においてのみ差が出たこと，また，〈子どもを叱る心理的抵抗〉のある母親と〈子どもを叱る心理的抵抗〉のない母親との間でも自己抑制の側面でのみ対応に差が出た」こと，つまり「〈他者への配慮・周囲の目が気になる〉と答えた母親と気にならないと答えた母親，あるいは〈子どもを叱る心理的抵抗〉のある母親とそうでない母親の間で子どもの自己主張に対する評価や対応に差がな」い（佐藤，同上書，p.136）と解釈し，これらの調査から彼女は，「日本人の母親が自

己抑制の発達を重視していること，とりわけ自分の子どもが集団のルールを守れないことをもっとも困ると考えていることが浮かび上がる。そして，子どもの自己主張については，母親の方もどう対応してよいかわからない，子どもに自分の考えを伝えられない姿が明らかになった」(佐藤，同上書，同頁)と結論づけている。

以上，恒吉そしてとくに佐藤の研究から明らかになることは，「いい子」ということでどういう子を日本の母親は考えているか(考えていなくても態度によってそちらへ推し進めているか)ということである。そしてそうであることによってほめられれば，子どもにはますますそういう態度を身につけることへのモチベーションが生じるであろう(そしてとくにほめられることがなければ，自然とそのような態度をとることは少なくなるであろう)。

その方向へと動機づけられる(広くは日本人全体にとっての)「いい子」とは，以上から「自己抑制」できる子，即ち「自分の欲求や行動を制すべきときに抑えること」のできる子，「がまん」できる子(佐藤，2007年，p.40)に他ならないのであり，逆にとくに成長にとって重視されないのは，従ってその特性の芽が摘まれてしまうのは，「自己主張」の能力，即ち「自分の欲求や意思を他人や集団の前で表現し，実現する」能力である。

こうして本節における以上の論究から，「日本的な場の倫理」に適応(時に過剰適応——それは，今日における「いい子の問題」として露呈しているが)できるパーソナリティの萌芽が，母と子のコミュニケーションにおいて造り出されていく。しかし子どものしつけ(社会化)は，乳幼児期に親(的人物)によって行われるのみならず，この後，学校教育において行われるのは言うまでもない。そしてわが国の場合，その際にも「自己抑制」の育成へと教育が傾いていることを，目についた限りの文献における国際比較の図表を以下に引用して見ておきたい(図表2-4から図表2-7までを参照されたい)。

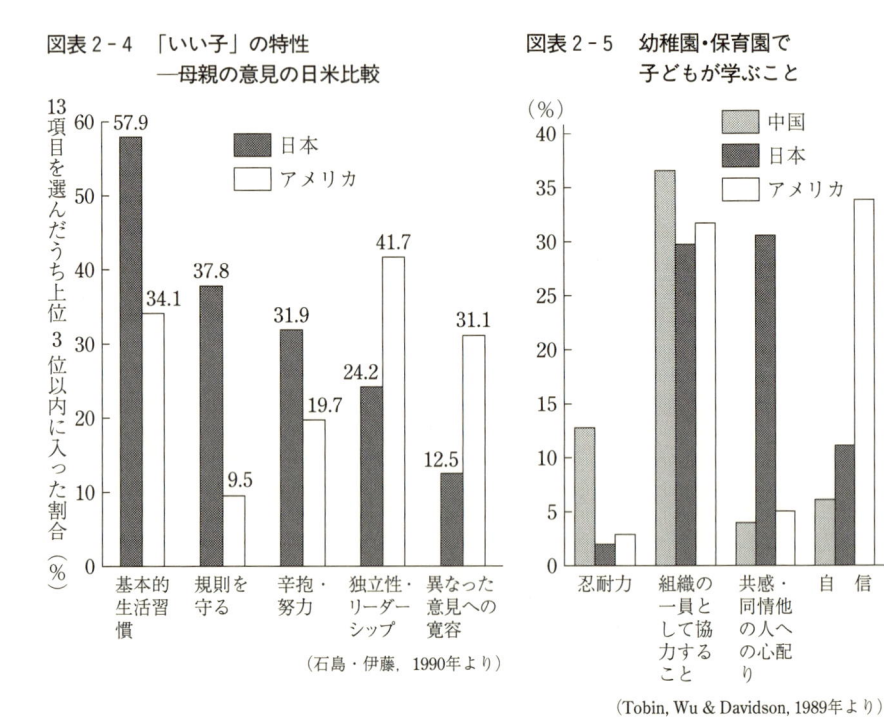

図表2-4 「いい子」の特性
　　　　—母親の意見の日米比較

日本／アメリカ（13項目を選んだうち上位3位以内に入った割合 %）

- 基本的生活習慣：57.9 / 34.1
- 規則を守る：37.8 / 9.5
- 辛抱・努力：31.9 / 19.7
- 独立性・リーダーシップ：24.2 / 41.7
- 異なった意見への寛容：12.5 / 31.1

（石島・伊藤, 1990年より）

図表2-5 幼稚園・保育園で
　　　　子どもが学ぶこと

中国／日本／アメリカ（%）

- 忍耐力：約13 / 約2 / 約3
- 組織の一員として協力すること：約36.5 / 約30 / 約32
- 共感・同情他の人への心配り：約4 / 約30.5 / 約5
- 自信：約6 / 約11 / 約34

（Tobin, Wu & Davidson, 1989年より）

　ところで，佐藤の論考において出色な点は，「自己主張」と「自己抑制」とを両立しえない正反対の特性とはみなさない，ということであろう。つまり，「自己主張」が大になれば「自己抑制」が小になる（あるいはその逆）といったように，1つの線分上の両極へと両者を位置づける（図表2-8参照）のではなく，図表2-9のように両者を2元的な尺度と捉え，両者のバランスにおいてパーソナリティを考える，という発想である。

　同氏に拠ると「自己主張が低く自己抑制の高い」のが日本人で，「自己主張が高く自己抑制が低い」のがアメリカ人，そして「自己主張が高く自己抑制も高い」のがイギリス人であると言う。それ故「自己主張も強いが，自己抑制も発達している」のは，従って「少なくとも三つの国のなかで唯一，自己主張と自己抑制の両方の重要性を認めてきた」（佐藤，2001年，p.30）のはイギリス人だ

図表2-6　日米教科書の内容分類（小学校）

強い個人	自我の確立 他者の尊重	7 (2)
	自己の客観的認識	14 (3)
	自己主張	7 (0)
	自立心、独立心	7 (0)
	自己責任	3 (1)
	強い意志	15 (1)

上段は，米国の国語教科書の掲載篇数
下段かっこ内は，日本の国語教科書の掲載篇数

人間関係	暖かい人間関係		23 (54)
	緊張感のある人間関係		24 (0)
		親子	14 (37)
		兄弟	10 (6)
		祖父母と孫	10 (4)
		友人	13 (7)
	やさしさ、相手の気持ちになって		2 (16)
	自己犠牲の精神		0 (8)

（今井，1990年，p. 78f. より）

図表2-7　帰国中・高校生が帰国後、やめた習慣と新しく身につけた習慣

やめた習慣	新しく身につけた習慣
●わからないとき肩をすくめる	●笑うとき口を押さえる，愛想笑いをする
●オーバーに喜ぶ	●本音と建前を区別する
●英語で話す，心の中で英語で考える	●心にも思ってないことを言う
●人に会ったら握手する	●日本式の曖昧な言葉遣いをする
●女性へのマナー（レディファースト）	●少し遠慮してでしゃばらない
●見知らぬ人と会って笑いかける	●先輩や目上の人に対する言葉遣いや態度に気をつける
●人の目を見て話す	●トイレに集団で行く
●不満を訴える，質問をする	●「ごめんね」とすぐに謝る
●自分をアピールする	●人がはっきり言わないことを，心で読もうとする
●男の子を名前で呼ぶ	●何でも急いでする，早く歩く
●学校にお菓子を持っていく	●満員電車や人混みに慣れる
●マニュキア，アクセサリーを身につけて学校へ行く	

（西川他，1998年，p. 140）

図表2-8　1元的に捉えられる「自己主張」と「自己抑制」

　　　←――――――→
　　自己主張　　　自己抑制

（佐藤，2001年，p.11）

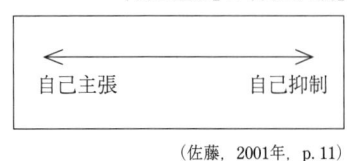

図表2-9　2元的に捉えられる「自己主張」と「自己抑制」

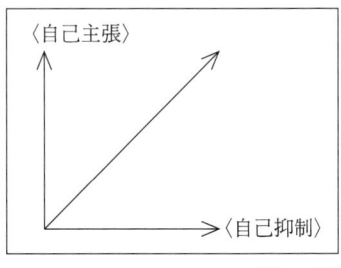

〈自己主張〉↑　　↗
　　　　　　　→〈自己抑制〉

（同，p.12）

けであり，さらには，「自己主張的な態度と周囲との調和を図る自己抑制的な態度を併せ持つ子どもは最も社会性の発達が著しい」（同，2007年，p.44）と結論づけている[5]。

第3章
ユング派による「昔話」の東西比較

第1節　ユング派における
　　　　「普遍的(集合的)無意識」と神話・昔話

　ユングにおける「こころ」の構造を図表化して示しておくと，図表3-1のようになる。

図表3-1　ユングにおける「こころ」の構造

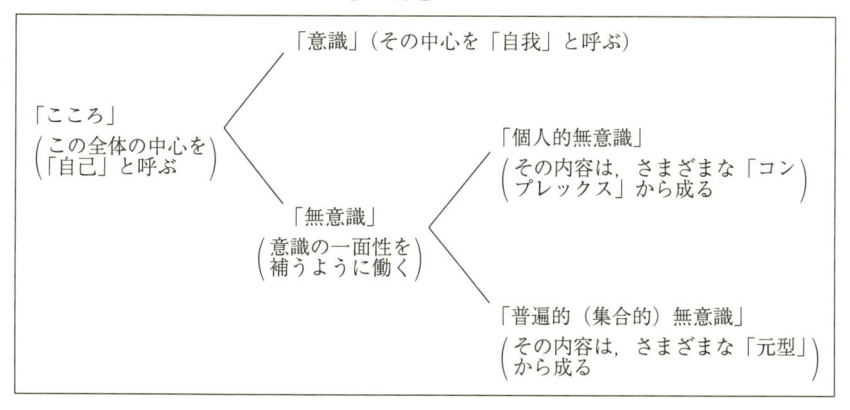

```
「こころ」          ┌─「意識」(その中心を「自我」と呼ぶ)
(この全体の中心を   │
 「自己」と呼ぶ)    │          ┌─「個人的無意識」
                    └─「無意識」│  (その内容は，さまざまな「コン
                      (意識の一面性を│   プレックス」から成る)
                       補うように働く)│
                                │  ┌─「普遍的(集合的)無意識」
                                └─(その内容は，さまざまな「元型」
                                       から成る)
```

　この図表の中で，最もユング心理学独自の発想である(従ってフロイトと訣別する1つの契機にもなったのだが)のは，「普遍的(集合的)無意識 (das kollektive Unbewußte)」という概念であろう。それは(以下では，「普遍的無意識」という訳語と「集合的無意識」という訳語は同義として共に用いることとする)個人的レベルではなく，無意識のさらに深い層の太古の人類にまで，さらに動物にまで遡って蓄積されてきて，私たちのこころや行動のパターンに作用し続ける

イメージの可能性の遺産とでも言えるものである。そしてその内容を「元型（Archetypus）」と呼び，普遍的無意識は，その性質や働きによってさまざまな元型に分類されている。例えば「ペルソナ」「影」「アニマ／アニムス」「グレートマザー（太母）」といったものがそれである。ただ私たちは，元型そのものを決して直接意識化して捉えることはできず，それが送り出すさまざまなイメージを通してのみ，その働きを確認しうる。

ユングは，個人と普遍的無意識——これ自体がまた多層的なのだが——とのつながりを例えば図表3-2のように図で示している。

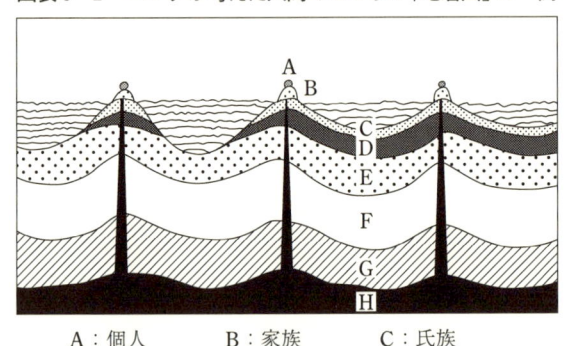

図表3-2　ユングが考えた人間のこころの「地層図」の一例

A：個人　　　B：家族　　　C：氏族
D：国家　　　E：大集団（ヨーロッパ人など）
F：祖霊長類　G：祖動物全般　H：「中央の火」

(R.ノル，1998年，p.141より)

ユングのこの図表のような説明を，「荒唐無稽」と片付けたり，巨大なマグマのエネルギーのような「中央の火」といったものに一種の「神秘主義」や「オカルティズム」を感じとったりする向きもあろうが[1]，例えばA. サミュエルズ（1990年，p.63ff.）は，元型理論に対するさまざまな批判を吟味しつつなお，それが比較行動学[2]，DNA研究，脳神経学，N. チョムスキーの心理言語学やC. レヴィ＝ストロースの構造主義的文化人類学といった最新の研究や思想との驚くほどの近似性や対話可能性を述べている。

それはともかく，普遍的無意識（それ故元型）それ自体は意識化不可能では

第1節　ユング派における「普遍的（集合的）無意識」と神話・昔話　43

あるが，その内容は，神話や昔話（つまりは集合心性）あるいは，個人的意識のバリアーが強くない，精神病者の妄想や，（まれにだが）健常者の夢，そして未開人の心性に共通に認められるものである。

　今，神話・昔話に目を向けると，時代も文化圏も全く異なるのに，非常に類似したモチーフの話が見出されることがある。その時代的地域的隔たりからして，伝播説では説明しづらいものであり，人類に共通の無意識の働きを前提にすると理解しうるものである。そのようなモチーフとして，例えば「見るなの禁（ふり返ってはならない，とか中をのぞいてはならないというもの）」や，数字の3（3回〔番〕目，とか3人兄弟〔姉妹〕）がある。今，前者について2つの神話の一部を引用してみよう。

　(a)……エウリュディケーは結婚して間もなく……散歩していたとき，羊飼いのアリスタイオスに見つけられてしまいました。羊飼いは彼女の美しさに心打たれてさっそく言い寄ってきました。そこでエウリュディケーは逃げだしたのですが，駆けてゆく途中，草むらにいた毒蛇を踏みつけ，足を咬まれて，死んでしまったのです。オルペウス（＝エウリュディケーの夫〔筆者注〕）は……冥国へ行って妻を探そうと決心しました。……そこでエウリュディケーが呼び出されました。……オルペウスはこうして妻を連れて帰ることを（ペルセポネーとハーデースという地下の神々によって〔筆者注〕）許されたのですが，それには一つの条件がついていました。つまり，二人が地上に行き着くまでオルペウスはけっして振り返って妻の姿を見てはいけないというのです。こうした条件のもとで二人は，オルペウスが先に立ち，エウリュディケーが後について，暗い急な坂道を，深い沈黙につつまれて，のぼってゆきました。そして二人が明るい地上の国への出口にもう少しでたどりつこうとしたとき，オルペウスは，ついあの条件を忘れて，妻が後からついて来ていることを確かめようとして，後ろを振り返ってしまいました。するとたちまち彼女は後ろへ引きもどされました。二人はたがいに腕をのばして抱き合おうとしましたが，つかむのはただ空気ばかりだったのです！『ギリシア神話』より(3)

　(b)伊耶那岐の命はお隠れになった女神にもう一度会いたいと思われて，後を追って黄泉の国へ行かれました。そこで女神が御殿の閉じてある戸から出てお出迎えになった時に，伊耶那岐の命は，「最愛のわたしの妻よ，あなたと共に作った国はまだ

作り終わらないからかえっていらっしゃい」と仰せられました。しかるに伊耶那美の命がお答えになるには、「それは残念なことを致しました。早くいらっしゃらないのでわたくしは黄泉の国の食物を食べてしまいました。しかしあなたがわざわざおいで下さったのですから、何とかしてかえりたいと思います。黄泉の国の神様に相談をして参りましょう。その間わたくしを御覧になってはいけません」とお答えになって、御殿のうちにお入りになりましたが、なかなか出ておいでになりません。あまり待ち遠だったので左の耳のあたりにつかねた髪をさしていた清らかな櫛の太い歯を一本かいて一本火を燭して入って御覧になると蛆がわいてごろごろと鳴っており……。そこで伊耶那岐の命が驚いて逃げておかえりになる時に伊耶那美の命は「わたしに辱をお見せになった」と言って黄泉の国の魔女をやって追わせました。(『古事記』より)[4]

　元型は、既述したように太古からの人類全体に普遍的に作用しているが、しかし、民族、社会、文化、時代などによって、ある特定の元型がより強く働いたり、働かなかったりする。そしてこのことが、ある文化や社会に独特の行動パターンや人間関係のもち方、あるいは自分というものの捉え方に文化差をもたらすのであり、この文化差は、元型のイメージである神話や昔話（おとぎ話）に関して、そのストーリー展開や結末の違いとなって表われるのである。今、例を挙げた「見るなの禁」に関しても（たまたま例示したものは、禁を破ってしまうのが男性〔夫〕であったが）、河合（1982年）は、洋の東西の、このモチーフの昔話を分析して、図表3-3のような相違があることを明らかにしている。

図表3-3　「見るなの禁」に関する日本と西洋の比較

	禁じる者	禁を犯す者	部屋の中	罰	結末
日本	女	男（夫）	自然の美	無罰	女は消え去り、男はそのまま。
西洋	男（夫）	女（妻）	死体	死刑	他の男性の出現による救済。

(河合，1982年，p. 16より)

　このような昔話（おとぎ話）や神話において、洋の東西で、その相違がはっきりしていることが2つある。1つは「英雄神話」（E. ノイマン）における「怪物退治（dragon fight）」の話の数であり、もう1つは、いわゆる「異類婚」のストーリー展開とその結末である。それ故、次にそのことを検討し、それが何

を意味しているか考察しよう。

第2節 「怪物退治」の話の数

　ノイマンは，ユング派の立場から自我の確立・発達過程を提示しているが，その際に彼が取ったアプローチの仕方は，神話的素材によって，人間の経験する，心の内奥の元型的イメージを通してそれらを提示するというものである。彼によれば（以下，ノイマン，1984年，p.35ff. 参照）自我形成のプロセスは——大ざっぱに定式化すれば——「ウロボロス」[1]（＝自一他未分化状態）→グレートマザー（太母）（＝自我の小さな萌芽と共に，世界はグレートマザーの姿をとって顕現）→天と地の分離・光と闇の区別（＝意識と無意識の分離）。
　以上は「創造神話」において象徴されている。そして次に「英雄神話」において示される，英雄の誕生と「怪物退治」が行われ，最後に「変容神話」として，怪物退治を通して宝物の獲得あるいは怪物に捕われていた女性との結婚という結末をとる。典型的な英雄神話（及び変容神話）として，ギリシャ神話におけるペルセウスの話が挙げられよう。即ちペルセウスは，（その目を見た者は石化されてしまう）メドゥーサと，海の怪物とを退治し，捕われの女性アンドロメダを解放し，結婚するのである。
　ここで重要なのは，怪物退治とは「母親殺し」「父親殺し」のメタファーだということである。殺すと言っても本当に殺害するのではなく，「母親殺し」とは「母なるもの（グレートマザー）」からの自立を意味するということである（これに対し「父親殺し」は古い文化価値や支配的法の変革を意味する〔ノイマン，前掲書，p.250〕）。それ故，英雄神話（及び変容神話）の意味するところとは，「母親殺し，父親殺しの過程を経て，自らを世界から切り離すことによって自立性を獲得した自我が，ここに一人の女性を仲介として，世界と再び関係を結ぶことを意味している。これはウロボロス的な未分化な合一による関係ではなく，確立した自我が他者と新しい関係を結ぶことである。」（河合，1982年，p.23）（ところで，ここで注意しておくべきことは，これは男性の自立の過程であって，女性

の自立はどうなのか，という疑問に関して，である。ノイマンにおいては，生物学的な男性，女性に関わらず，その自我〔意識〕は男性的なものとして象徴的に理解されているのである。従ってその自我確立の仕方は同一である。それ故に又，「逆に『女性的な』無意識体系は男性にも存在」〔ノイマン，前掲書，p.194〕しているのである）。

さて，以上のように説明した上で本題に入ると，わが国の昔話には，そのような「怪物退治」（そしてそれによる，結婚という結末）の話が非常に少ないということである。

ノイマン的に考えるならば，「怪物退治」を主人公がしない，ということは（今は母親に限定すれば）「母親殺し」をしないことなのであり，従って「グレートマザー（母なるもの，太母）」から自立できない，ということを意味する。ざっくばらんに表現すれば，日本人は——いくつになっても——母なるものと「へその緒」がつながったままであること，あるいは「乳離れ」が（精神的に）できない，ということになる。

ユング心理学（分析心理学）では，そのようなひとを（あるいはそのようなひとを支配している元型を）「永遠の少年（少女）（puer aeternus, puella aeterna）」と呼ぶ。それは，いつまでも少年（少女）のままで母なるものとの固着が強く，自立できないひとである。何か新奇なことを思いつくごとに天高く飛翔するが，やがて大地（母）のもとに墜落することをくり返すのである[2]。

わが国の昔話で「永遠の少年（少女）」の代表としては，さし当たり「浦島太郎」や「かぐや姫」が挙げられよう。しかし，それはあくまでノイマンの，あるいは広くは西洋的な（とくにしかも男性的な）発達観に立脚するからそうなる，という批判は可能であろう。日本人（広くは東洋人）が西洋人とは異なった自我構造（あるいは自我発達）をもっているとしたら——じっさい，このことは後に第6章第3節で検討するが——それとは異なった発達ないし成熟の仕方をするのではないか，と考えることはできるのである。

第3節 「異類婚」の展開の相違

まずは，西洋と日本の有名な昔話をその大意において述べておきたい。
まずはグリム童話にも収められている『蛙(かえる)の王子』である。

(c)昔あるところに，王様と三人の姫がいた。その御殿には，おいしい透明の水が湧き出す井戸があったが，ある日，濁ってしまった。すると井戸水の中から一匹の蛙が突然頭を出し，「自分と結婚してくれたら，水をきれいにしてあげよう」と言う。長女の場合も次女の場合も断わられたが，末の姫は承知したので，水が再び透明になった。その晩，末の姫が寝ていると窓際にその蛙が居て「開けて中へ入れてくれ」と言う。姫が言う通りにしてあげると，中へ入って来て大人しくすわり，朝になると出ていった。次の晩も同じだった。だが三晩目になると蛙は姫のベッドの枕の下に入りこんで寝てしまう。あくる朝，姫が目をさますと，そこには若き美しき王子が立っていた。そして彼が言うには，魔法をかけられて蛙にされてしまったが，あなたが結婚すると約束したので人間に戻り救出されたということである。そして二人は王様に祝福されながら，めでたく結婚する。姉二人は，くやしがることしきりであった[1]。

次にわが国の昔話である『猿婿(むこ)入り』の大意を，山内（2005年, p.86f.）からそのまま引用させて頂いて示してみる。

(d)日照りが続いて田圃が干上がり，困った年寄りの農夫が，田に水を入れてくれたら誰でも娘をやろうと零(こぼ)すと，サルが出てきてアッという間に水を満たしてくれた。結婚の日取りを決めて家に帰った爺さんが三人の娘に話すと，長女と次女は「厭らしい，そんなの」とけんもほろろのありさま。心優しい末娘だけが承知し，約束の日にやってきたサルと連れだって山奥の家にゆき，仲睦まじく暮らした。翌春，里帰りの日がきたので夫婦は土産に餅をつき，サルが重箱に詰めようとすると，「爺さんは重箱くさいのが嫌いだから」と妻がいって，夫に臼(うす)を担がせて山を下りた。途中，綺麗に花咲く桜の木があったので，あの枝も土産にしようと妻が頼む。サルが臼を置こうとすると，「爺さんは土くさいのが嫌いだ」と妻がいうので，仕方なく臼を背負ったまま得意顔で木に登った。下の嫁に向かって「この枝か」と

訊くと,「もっと上」という。「この枝か」,「もっと先」と段々に登っていったので, とうとう細くなった枝が折れ, サルは臼ごと川におちて溺れてしまった。無事家に戻った娘をみて, 父母は「でかした, ええことをしてくれた」と大喜びした。

さて, この2つを読み比べただけでは唐突に思われるであろうが, 異類との婚姻譚(たん)に関しては, 西洋と日本との相違が図表3-4のように表わせると考える。

図表3-4　西洋と日本との異類婚のストーリー展開の相違

```
・西洋
    もともと人間の男性[1]──→ 魔法によって動物にされる
    ──→ 女性の愛によって人間にもどる──→（結婚という）ハッピーエンド
・日本
    もともと動物であったもの──→ 人間に姿を変える（あるいはそのまま動物）
    ──→ 結ばれようとするが失敗（人間になっているとき人間でないことがバレる）
    ──→ 異類婿のとき──→（主として）殺される      ＞ いずれにせよ, ハッピー
    ──→ 異類女房のとき[2]──→ 立ち去る（あわれさが残る）   エンドにならない
```

1) 西洋では, 女性が動物にされることはまずない。
2) 異類女房の話としては, 例えば「鶴女房」（いわゆる「鶴の恩返し」）を想起されたい。

この相違は何を物語るものであろうか。それを知るにはアフリカ, ニューギニア, エスキモーといった（人類の原初性をよりとどめた）自然民族の昔話を引き合いに出すのが有用である。ここではエスキモーに伝わる『かにと結婚した女』を河合の文章（河合, 1982年, p.191）からそのまま引用しよう。

(e)美しい娘をもった猟師がいた。娘は若者たちの求婚を断り, 両親の知らぬ間に, 大きなかにと結婚した。かには娘の寝ている毛皮の帳のかげに隠れ, 恥ずかしがって他人のいるところへは出て来なかった。冬になって獲物が取れなくなると父親は婿が役立たずだと嘆く。ところが, 吹雪の日に三頭のあざらしが家に投げ込まれる。かにが人間の姿になって猟をしてきたのだ。やがて, 双子の子どもが生まれるが, 相変わらずかには姿を現わさない。姑がとうとう好奇心にかられ, 毛皮の帳の穴から娘の寝床をのぞきこんだ。すると婿は大きな大きな眼が頭からダラリと垂れ下がった, しわだらけの小男だった。姑はそれを見て驚き, ぶったおれて死んでしまった。それからのちは, 若い妻と寝ているかにを毛皮の穴からのぞき見しようなどと

いう料簡をおこすものはひとりもなかった。そしてかには妻子ともども，幸せに暮らし，家じゅうのもののためにたくさんの獲物をとった。

　西洋の昔話『蛙の王子』をエスキモーの『かにと結婚した女』と比べてみたとき，はっきりとしているのは，西洋では人間と動物とはそのままでは絶対に一体にならず，両者には隔絶があるということである。動物が現れたとしても，それはもともと人間であったものが魔法によって動物に変身させられていたわけで，女性の愛によって元の人間に戻されてから結婚するのだから，そもそも異類婚は成立しない。これに対して自然民族においては，人間と動物には隔絶はなく，かには，全く結婚後もかにのままであり（娘の母が死んだのは娘の婿がかにだったためではなく，それがあまりに奇怪な姿だったからにすぎない）その後も幸福に一体感の中で生活していくのである。ここでは異類婚はごく自然に行われている。異類ではなく，むしろ同類と言ってもいいほどである。
　西洋と自然民族とをこのように対峙させると，わが国の異類婚は，その中間のヴァリエーションと言ってよいだろう。異類との結婚は結局はこわれてしまうのだが，いっときは（物語の前半では）一体を得るのである。
　これらの事実から山内は，次のような結論を導出している，「……未開では人間と動物との一体感が強く，同じ親族，族として同胞視されていたが，西洋では断続感が強く，跳びこえられない深淵がその間に介在していた。日本は丁度その中間で，深淵の上には細い丸木橋がやっと架かっているだけだった」（山内，2005年，p.91）。そしてここから興味深いつなげ方だが「近代西洋ではペットだけが食禁だが，昔の日本ではもっと広く家畜にまで，そして現代の未開社会ではさらに広汎に多数の動物やその部位にまで食タブーが及んでいたことと関係している」（同書，同頁）と肉食の習慣の文化的歴史的相違にまで言及している。
　だが，異類との関わりを，もっと広く「自然に対する態度」として理解するなら，文明というものに対するより一般的な洞察が生じてくるだろう。河合はこう述べている，「……日本の昔話は世界のなかでも特異な存在であり，ヨー

ロッパを中心としたキリスト教民族と，エスキモーなどの自然民族の中間に位置していることが解る。このことは，日本という国がアジアの一国として，他のアジア人と共によく気持の通じ合う反面，アジアの他の国に先がけて，ヨーロッパの文明をいち早く取り入れ，それを吸収していった事実と対応させてみると，極めて興味深いことである。このことはつまり，日本をしてこのようなことを可能ならしめた，日本人の心の在り方を，昔話の構造を通して探ることを妥当と感じさせるものである。」（河合，前掲書，p.194f.）

しかしながら21世紀に生きる私たちは，この「ヨーロッパ文明の取り入れ」とは同時にその負の遺産の取り入れでもあったこと，それが日本人のこころの内にあることを忘れてはならないだろう。日本人は一方では「自然」を愛でつつ詠じながら，他方では「近代化」「文明化」の名のもとに，あるいは「開発」の名のもとに，どんどん「自然」を破壊していったのである。その結果，環境保護のためのエコロジー問題が発生してしまったわけである。そしてこれに対しては，すでに近代化を達成した先進諸国——その内部でさえ，各国のエゴによる不協和音が響いているのだが——と，これら欧米的近代化へ向けて「離陸」せんとしている発展途上国との間に鋭い対立が生じている。そしてこの問題には，今もなお自然と一体化しつつ生きている先住民族や，人間以外の生物の生態系にも大きく影響を与えていることは言うまでもない。

いずれにせよ，環境問題，エネルギー問題に対しては，地球的規模で対処せねばならない——その対処の仕方，否そもそもこの問題の存在自体に対してさえ異議を唱える向きもあるようだが（例えば，武田〔2008年〕，澤〔2010年〕，藤倉〔2011年〕など）——1つ気になるのは，西欧の近代科学が生み出したこの問題を，同じ西欧の科学技術で（のみ）克服しようとしているように見えることだ。そしてこの点においてこそ，科学技術立国であると同時に，森羅万象に霊が宿っているというアニミズム的世界観とを不思議にも両立させているわが国が，独自の提言をしていくことが期待されると思うのである[2]。

いずれにせよ，昔話や神話は，私たちが容易に自覚できない次元において，私たち自身のものの見方や捉え方，あるいは行動のパターンを教えてくれる

し，又，人生の知恵を示してくれるものも多い。ユング派では，それ故にこれらに着目するわけである。

第4章
フロイト派における『オイディプス王』と『阿闍世物語』

第1節　フロイトにおけるこころの捉え方

1．局所論

まず，フロイトが考えた人間個人のこころの構造を図で示すと，図表4-1のようになる。

図表4-1　フロイトにおける，こころの「局所論」

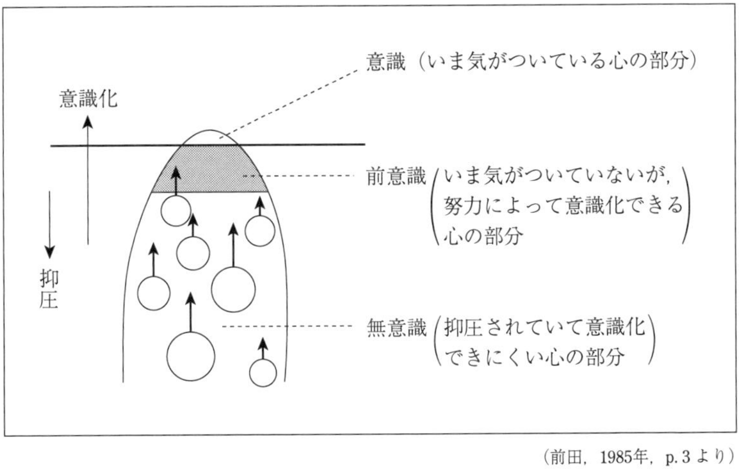

（前田，1985年，p.3より）

これは，こころをその意識度（自覚可能性の度合い）において区分したモデルであり，通常「局所論」と言う（彼は1923年の「自我とエス」論文以降，こころをその機能によって区分する「構造論」モデルを考え出すが，その後もこの局所論は併用され続ける）。

さて，意識と無意識（フロイトでは前意識も含む）との関わり合いにおいて，

ユングの考え方と根本的に異なるのは，ユングにおいては，すでに述べたように無意識は，意識の一面性を補う（補償）ような形で働くのに対し，フロイトにおいては，意識と無意識は力と力の張り合いをダイナミックに続けている（これを「力動論」と言う）ということである。言い換えれば，無意識にある内容は，たえず意識に上ろうとするが，意識は「そうはさせまい」と必死に無意識の領域へと押さえ下げて，そこにとどめようとするのである（その代表的なやり方が「抑圧」である）。なぜであろうか。フロイトにおいては，無意識の領域には，さまざまな本能衝動（Trieb）や，感情が絡みついた観念・記憶があると考えたが，その内容は，もし意識化（想起）されると，本人に不安や不快感を抱かせ，こころのバランスを崩させるものであるからである。逆に言うと，そのような性質のものであるが故に，無意識へと抑圧されたのであり，つまり，忘れたいが故に，忘れた状態にしたのである。

図表4-2に筆者なりに，年代的に示したように（研究者によっては異論があ

図表4-2　筆者が考える本能衝動論の変遷[1]

- 1895年　「リビドー」という概念を初めて用いる
　　　　　（「不安神経症という特定症候群を神経衰弱から分離する理由について」）
- 1905年　リビドー概念と性欲論とを結びつけ，幼児性欲論を確立
　　　　　（「性欲論三編」）
- 1910年　自己保存衝動を「自我衝動」と呼び，性衝動（リビドー）と対比
　　　　　（「心因性視覚障害の精神分析的見解」）
- 1911年　リビドーを自我リビドー（＝自己愛的リビドー）と対象リビドーに区分
　～　　　（「症例シュレーバー」）
- 1914年　（「ナルシシズム入門」）
　　　　　〔即ち，図示をすれば〕
　　　　　　　　　／自我衝動（自己保存衝動）
　　　　衝動＜
　　　　　　　　　＼性衝動（リビドー）　／自我リビドー（自我に回帰し付着する
　　　　　　　　　　　　　　　　　　　　　リビドー（＝ナルシシズム））
　　　　　　　　　　　　　　　　　　　　＼対象リビドー（自我が性的対象に向け
　　　　　　　　　　　　　　　　　　　　　るリビドー）
- 1920年　「生の衝動」（エロス）と「死の衝動」（タナトス）の二元論を提出
　　　　　（「快感原則の彼岸」）
　　　　　｛エロス＝無機物を有機物に構成し，育み，成長・保持させたいという衝動
　　　　　｛タナトス＝有機物を本来の無機的状態に戻したいという衝動[2]
　　　　　　　　　　　　　　　　　　　　　　　　　　（破壊・攻撃衝動）

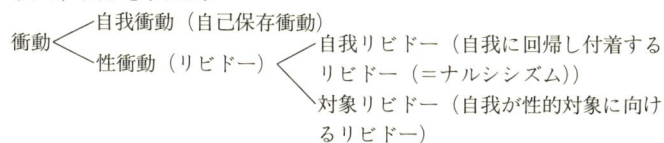

ろうが) フロイトは，その生涯に亘って本能衝動論を変更させていったが，晩年における「エロス (生の本能)」と「タナトス (死の本能)」の二大衝動論も含めて，無意識に抑圧されている内容で最も動きをなしているのは性的 (sexual) な本能衝動と，そのエネルギーとしての「リビドー (Libido)」である，という考えにおいて一貫していた。

　フロイトが，性的な本能衝動を重視するに至った——それ故にフロイトに対しては「汎性欲説 (すべての心的出来事を性欲で説明してしまう)」という批判が投げつけられてきたわけだが——理由としては，まず当時のウィーンの文化的社会的背景が考えられねばならない。即ち英国のヴィクトリア女王 (在位1837年～1901年) に因んで名づけられた，「ヴィクトリア朝文化」が，ヨーロッパの政治・文化の中心であったこの都市を強く規定していたことである。この文化は，道徳に関して非常に厳格であり，とくに「性」に関する事柄に関してそうであった。性的な事柄について口にするのは「いやらしい」ことでありタブー視された (しかし「性」に関心のない人間など存在するわけがなく，ヴィクトリア朝文化という言葉には，しばしば，偽善的で上品ぶった，とか「ツンとすました」といったニュアンスが伴うこととなる)。従って，性的な悩みをもっていたとしても，それを自ら気づくまいと意識外に (つまり無意識に) 追いやったり，あるいは性衝動が沸き上がってくる自分に罪悪感を抱いたりする人々が多く存在したのである。

　フロイトが「性」にこだわった理由の第2として，そのような文化的背景に基づいてのことだが，彼の臨床的体験の事実に彼があくまで忠実であろうとしたことが挙げられよう。フロイトが診た (とくに女性の) クライアントには，「ヒステリー」(心因性の知覚障害者や行動障害のこと。例えば耳鼻科や外科的所見では異常が見出せないのに，耳が聞こえない，とか歩けないといった症状を，何らかの「こころの原因」から呈するもの) に悩む人々が多かったのだが，彼女らに「自由連想法」(第1章第3節の註(1)参照) を施すと，ほぼ決まって，親などの近親者から性的な誘惑を受けた，とか今日で言う性的虐待をされたとかといった性にまつわる不愉快な幼少期の出来事を想起したのである。それ故にフロイ

トは（当初），幼少期における何らかの性的な心的外傷（トラウマ）体験が，ヒステリーひいては神経症（ノイローゼ）の原因である，と考えたわけである。

しかしフロイトは，神経症の原因としての，この心的外傷説（性的誘惑説）をやがて放棄するに至る。その理由を A. ストーに従って（ストー，1994年，p. 33f.）3点にまとめると，第1に，大人（親）による幼児期の性的誘惑が実際にあったとしても，クライアントが異口同音に話すほどそれが頻繁に起こっているとはフロイトには思えなかったこと。第2に，フロイトの弟妹にもヒステリー症状が見られたのだが，この説に従えば，彼自身の父親がそうした性的誘惑や性的虐待を行っていた，という彼には信じ難い結論が導かれること。そして第3に——この後の彼の理論展開（転回）にとって最も重要なことだが——フロイトは，親友 W. フリースとの書簡を通して彼自身の自己分析をしていて，自分が幼少時に母親の裸体を見てエロチックな感情を抱いた——半ば事実のような，半ば幻想のような——出来事を思い出したこと——そしてさらに父親への押し隠された憎しみをも自覚したこと——である。

これらのことから彼は，クライアントの多くは，実際に起きた出来事を想起したのではなく，近親者に性的誘惑を受けるという心的幻想，もっと言えば，性的誘惑を受けたい（性的関係をもちたい）という，抑圧された性衝動，つまり「近親姦願望」——しばしば破られたにせよ，近親姦は人類にとって大きなタブーであるが故に，その願望は抑圧されざるをえない——の歪められた表現として症状を呈するに至ったのだと結論づけたのである。

この，性的誘惑説から近親姦願望説への大きな理論の転換——筆者が第1章第2節で使用した言葉で言えば，「客観的現実」から「心的現実」への視点の変換——が，幼児にも性欲が存在する，という（当時の精神医学界では全く黙殺もしくは嘲笑された）「幼児性欲論」とそのクライマックス的な出来事としての「エディプス・コンプレックス」という，彼の精神分析理論の中核を成すものへの洞察へとフロイトを向かわせたのである。

「幼児性欲論」と言っても，乳幼児に成人的な性器的（genital）合一を目標とした欲動などなく，部分欲動の部位としての諸粘膜部位の刺激による快感追

求（例えば乳児は，母乳を栄養源として吸う際に同時に口唇の刺激から快感を感受している）を意味しており，刺激への欲求は，成人の性行為においても残存している。快感を得る粘膜部位は，乳幼児の成長と共にその中心が移り変わり，それがそのまま乳幼児期の発達段階の名称となる。即ち「口唇期（口愛期）」（誕生～1歳半位），「肛門期」（1歳半～3歳位），「男根期」（3歳～6歳位）（幼児性欲期はこの3期であるが，さらに性的関心が弱まり，関心が他の事柄に向かう，性的発達の足ぶみ状態である「潜伏期」〔大体学童期に相当する〕，そして思春期以降の成人的な「性器性欲期」がこれらに続く）である。

2. 構 造 論

本節の最初のところで述べたように，フロイトは長い間「局所論」（自覚可能性の度合いによる，「意識」「前意識」「無意識」の区分）によってこころを説明

図表4-3　フロイトにおける，こころの「構造論」

領　域	内　容　と　機　能
イド（エス） (id : Es)	**無意識的なものの代表**—(a)幼児期以来，抑圧されたもの（固有の抑圧），(b)古い祖先の時代から抑圧され受けつがれてきたもの（原始的抑圧）が貯留している領域 (1)本能エネルギー（リビドー）の貯蔵庫——→対象充当 　〈～したい〉，〈～がほしい〉 (2)一次過程が支配（現実，時間，秩序の影響をうけない） (3)快感原則が支配（衝動の即座の満足追求）
自我 (ego : Ich)	**外界とエスを仲介する領域**（心の中心部分） (1)現実原則が支配（知覚機能—現実吟味） (2)二次過程が支配（知覚，注意，判断，学習，推理，想像，記憶，言語などの現実的思考） (3)逆充当（エスの外界への突出の見張り），〈一寸待て〉 (4)不安（現実，エス，超自我からのおびやかし—危険信号）の防衛，処理 (5)統合機能（適応機能—パーソナリティの統合）
超自我 (superego : Über-Ich)	**幼少期の両親のしつけの内在化されてできた領域** (1)良心の禁止〈～してはならない〉 (2)理想の追求〈～であれ〉，〈～しなくてはならぬ〉

(前田，1985年，p.10より)

してきたが,「自我とエス」(1923年) に至って新たなモデルを作り出す。それはこころをその機能（働き）によって区分したもので「構造論」と呼ぶ。

　彼は，構造論を考え出したのは，局所論だけではこころの働きを十分に説明できないことに思い至ったからである（詳しく言えば，それ以前は，意識と自我を等価的に使っていたが〔後述する〕「自我の防衛機制」を考えていて，自我が無意識的にも働くことに気づいたからである）。

　その機能の違いに従って，「エス」「自我」「超自我」が区別される（Es, Ich, Über-Ich がフロイトが元々使った原語であるが，id, ego, superego は，英訳本で使われているものであり，いずれもラテン語である。なお Es と id は，いずれも英語の it〔それ〕に当たる単語である）。

　それぞれの機能は図表 4 - 3 における前田による説明の通りであるが，そのままでは難解だが，重要な用語の意味が説明されないままにある。いくつか説明してみよう[3]。

① 「対象充当」：単に充当もしくは備給とも言うが，何らかの対象（イメージ）に向けてエネルギーを投入することである。それに対し，自我の働きである「逆充当」とはそれを押し返すのに用いるエネルギーのことである。

② 「一次過程」：無意識の心的活動の特徴であり，そこでは諸イメージがとかく融合し合う傾向があるので，互いに入れ替わったり，象徴し合ったりすることが可能である（このことは，自我によって多少加工や歪曲が加わるものの，無意識の活動の代表的な現象である「夢」について考えれば納得していただけるであろう）。一次過程の思考は，時間・空間のカテゴリーを無視し，「快楽原則（ひたすら欲求の充足だけを目ざす原則）」によって支配されている。それに対し，自我が従う「二次過程」とは外的な現実に適応しながら発達をとげ，言語的思考と密接な関係をもっている。それは快楽充足よりも，とにかく現実世界に適応することを優先する「現実原則」によって支配されている。

　なお，エス（本書ではもっぱらエスという表記を用いる），自我，超自我の発生・成立はそのまま乳幼児の発達のプロセスでもある。0 歳〜1 歳頃までの乳

児のこころはエスのみで占められている。即ちひたすら欲求充足を求めるだけであり，何らかの欲求不満や不快になると泣きわめくのみである。しかし母親（的人物）はこの欲求を十分に満たしてあげることが重要である。

しかし1歳を過ぎた頃から，幼児は自分の欲求はすぐに満たされるものではないことを学ばなければならない。この，欲求充足をがまんする，延期して待つという経験が自我を形成し，強化するのである。そして（後に詳述するように）男根期における「エディプス・コンプレックス」の体験を経て，親の（従って又，当該社会の）善悪の基準である超自我を形成するのである。

エス，自我，超自我の内，最も重要な柱となるのは自我（即ち「わたし」）であり，その最も重要かつ不可欠な働きは，図表4-3で言えば(5)の総合機能である。即ち私を私としてひとりの人格としてまとめあげる働きである。しかし，自我は，エスの欲求衝動の突き上げを感知すると不安や緊張を起こすため，エスとうまく折り合いをつけていき続けねばならない。もしエスの欲求衝動（とくに道徳的・社会的に見て不適切な）を満たしてしまうと，今度は，超自我が自我に対して罪悪感を生じさせ，自我は良心の呵責を感じる。だから，自我は超自我ともうまくバランスを取っていかねばならない。それだけではない。我々はたえず外界（とくに他者）と相互作用をせねば生きていけない。だから外界（他者）ともうまくやっていかねばならないのである。つまり，自我は，エス・超自我・外界の3者からの責めたてや欲求に対し，己のパーソナリティが崩れないように，それらから自分を防衛せねばならない。これを「自我の防衛機制」と言う。次にこれについて述べたいと思う。

3．自我の防衛機制

「自我の防衛機制」とは，自我が不安や不快感から身を守るために発動させるメカニズムであり，いくつかの種類（防衛の仕方）がある。これらは無意識の内に（あるいは半ば意識しつつ）発動される。

この機制を洞察し，先べんをつけたのはフロイトであり，いくつかのものを提示したが，彼の考えをさらに具体的体系的に発展させたのは，彼の娘のアン

ナ・フロイトである（A. フロイト，1985年〔原著1936年〕）。彼女は，12種類の防衛機制を整理して提出したが，その後の精神医学者や臨床心理学者の研究によってその数は増加していった（なかには約24種類あると指摘する者もいる〔E. E. レヴィット，1976年，p.50〕）。

「自我の防衛機制」については，精神分析の解説書や入門書において必ず触れられ説明（そのスペースの大小はあれ）されているものである。管見に拠る限りでは，李（1999年，p.144ff.）による解説が非常にわかりやすく具体例を挙げて説明している。従って以下に，少々長くなるが図表として引用させて頂くこととする（ただし，李は14種類説明しているが，ここでは是非覚えてほしい10種類に限定した。また叙述の一部も省略させて頂いた箇所がある）。

図表4-4　自我の主な防衛機制

(1)　抑圧（repression）
　不安や葛藤を引き起こす衝動や観念が意識にのぼらないように，無意識の中におしこめること。防衛機制の代表的なものであり，フロイトは初期のころ抑圧を防衛と同じ意味で用いていました。例えば，身近にいる他者への憎しみを抑圧している人がいるとします。その他者の前では，何を言われても逆らうこともなく，平静を装っています。自我は，憎しみの感情が噴き出してきたら安定を脅かされる不安から，無意識的に憎しみを抑圧しているのです。抑圧を続けるには，自我は不安な観念をおさえこもうとして無意識的に力を加えねばなりませんが，この力が弱まる夢の中などで，憎しみの感情が現れて，その他者を激しく攻撃したりします。このようなことは，夢を「抑圧された願望の偽装された充足」であるとしたフロイトの考えによって説明できるかもしれません。

(2)　退行（regression）
　不安な事態に直面して，発達の初期の段階に逆戻りすること。弟や妹が生まれて，それまで一身に注がれていた愛情を奪われた子どもが，赤ちゃん返りをすることはよく知られています。また，思春期の女性に多い摂食障害は，思春期の困難な課題に直面して，食べないということで幼児のように親から保護される状態へと退行しているとみなすこともできます。しかし退行を，意識の規制から自由になり，より無意識的な状態へと開かれることと考えると，退行には積極的な意義があります。私たちは，ストレスに満ちた社会で生活していますが，時々ぼんやりと退行して過ごすことで，疲れを癒し，新たな活力を得ることができます。

(3)　反動形成（reaction formation）
　自我にとって受け入れがたい衝動や感情を意識化するのを防ぐために，それとは反対の態度を過度に強調すること。例えば子どもを憎く感じている親が，逆にきわめて甘くなったり，夫を憎く感じている妻が極端に献身的にふるまうなど。しかし，このような

態度は「〜しすぎる」「〜ぶる」といった，わざとらしい印象を与えることが多いのです。慇懃無礼な人は，過度の従順や礼儀正しさを示しますが，あつかましさが透けて見えます。

（4） 投影（projection）
　自我にとって受け入れがたい衝動や感情を自分のものと認めず，他人に投げかけて他人のものとみなすこと。他人に怒りを感じている時に，自分の怒りは意識できずに，他人が怒りを感じているように感じたり，本当は自分が心変わりしそうなのに，恋人が心変わりするのではないかと不安になるなど。

（5） 昇華（sublimation）
　本能衝動を，本来の目的ではなく，芸術活動や仕事などの社会的に価値のある活動へと向けかえること。例えば攻撃欲動をスポーツをすることで満たすなど。性衝動に悩む男子大学生から「どうしたら昇華できるでしょうか」という質問を受けたことがありますが，もともと性愛のエネルギーと芸術活動や仕事のエネルギーとは別のものですから，方向をすりかえることには無理があるのではないでしょうか。昇華によっては，代償満足しか得られず，真の満足になりにくいのが難点です。

（6） 合理化（rationalization）
　自分の行為を正当化し，真の動機を隠してしまうような理由や言い訳を考えること。正当化のため，外界の現実を自分の感情や欲求に合うように歪曲したり，都合のよいところだけを取り上げたりします。たとえば，失恋した相手の欠点をあげつらい，あんな人とは別れた方が良かったのだと自分を納得させたり，車を買いたいがお金がない場合に，車は公害のもとだから乗らない方が良いと正当化したりします。だれしも，自分の苦しい気持ちに直面化するよりは，適当な理由を考えて自分の心を納めようとするもので，どんな理由でも考えつくものです（負け惜しみ）。

（7） 知性化（intellectualization）
　感情や欲求を表象から分離し，感情や欲求を直接満たすかわりに，概念的操作，知的思考によって置き換え，それらをコントロールすること。不安なことがあると，それについての知識をふやすことで不安をおさえようとしたり，具体的な不安を感じないですむように，具体的場面から離れて抽象化，理論化したりします。例えば成田善弘（1994）は，強迫症者の言語表現は抽象的，観念的であるとして，次のような例をあげています。成績が下がって学校に行くのがいやな時に，「今の学校制度では人は互いに不信感をもち，軽蔑しあっている」「現代の日本の教育制度はよくない」と一般化したりします。

（8） 置き換え（displacement）
　ある表象への関心や焦点づけが，連想上でむすびつきがあるが，自我にとってより受け入れやすい表象へと移しかえられること。フロイトのハンス少年の事例では，父親への恐怖が馬への恐怖に置き換えられています。夢に現れる表象が他のものの象徴でありうるのは，このような置き換えが生じているからだと言えます。

（9） 否認（denial）
　苦痛に満ちた外的現実や内的現実（感情や欲求）を，現実にあるものとして認めないこと。

> ショッキングで受け入れがたい出来事に対して,「これは夢だ。現実ではない」と思おうとすることは, だれにもあるでしょう。否認によって, 自我は破滅的打撃を免れることができます。重病の宣告を受けたとき, 重要な他者を失ったとき, 生まれてきた子どもが障害をもつことを知らされたときなど, 人はまず否認の機制を用います。その後, 現実を受容するには抑うつという苦しみを通過せねばならないのです。
>
> (10) 行動化 (acting out)
> 不安な感情や欲求に直面化して精神的, 言語的に処理するかわりに, 行動で発散すること。自分の感情を認識して言語化しにくい人が, 行動化で示しやすいといえます。言葉にできない漠然とした不安や不快感を, 過食, ショッピング, 無謀運転などで紛らそうとします。あるいは自傷行為や自殺未遂をすることもあります。他人に感情を言葉で伝えることができるようになるにつれて, 行動化は減っていきます。行動化には, 何らかのメッセージがこめられていることが多いのですが, 直接的な表現ではないために, 他人に真の意図が伝わりにくく, 何度もむなしく繰り返されたり, エスカレートする傾向があります。そして本人にとっても, 身体的, 社会的リスクが大きいわりには, 一時的な満足しか得られません。思春期, 青年期には, 感情の言語表現が難しく, 行動化が多く見られるのが普通ですが, 大人になっても行動化を繰り返す人は人格発達に問題があると考えられます。

(李, 1999年, p. 144ff.〔一部省略〕)

これらを読んで, 自我の防衛機制を何か現実からの逃避のような自己嫌悪的な感じをもったひともいるかもしれない。しかし, 例えば「合理化」として, 入れなかった大学や会社に「屁理屈」をつけて負け惜しみをすることをせず,「入れなかった」とずっと落ち込んでいると, 例えば抑うつ神経症などになりかねないのである。だからある程度防衛機制を用いることは, このシビアな現実を全うに生きていくためには必要不可欠なのである。それ故にこそ, この防衛機制を(現実への)適応機制と考えることもできるのである。

4.「エディプス・コンプレックス」論

「エディプス・コンプレックス」は, 男根期の男・女児に生じる, 両親と男根(ペニス)をめぐって生じるさまざまな愛憎や羨望・不安の情動の複合体(コンプレックス——この用語は元来ユングが造り出したものである)の体験と一連のプロセスのことである。そして結論を先取りして言えば, このコンプレックスのスムーズな(陽性の)解決によって, 性同一性(自分は男〔or 女〕の子で

ある）ができ上がると共に，（とくに男児において）親の道徳的な善悪の観念の取り入れによって「超自我（super ego, Überich）」が形成されるのである。

　エディプス・コンプレックスのプロセスは男児と女児で大きく異なり，又，複雑なものであるが，以下で要点のみを説明しよう。

〔男児の場合〕

①異性の親である母親に対して，男根（ペニス）によって何らかの働きかけをするような強い愛着と独占欲をもつ。

②反面，同性の親である父親に対して，母親の愛を独占することへの競争者として強い憎しみや死の願望さえもつ。

③射精を目的とした青年期の自慰行為（マスターベーション）の先駆体としての，自分のペニスへの自体愛的な弄び・刺激に夢中になる。

④しかしそのような（淫らな）行為は，それを発見した親による「ちょん切ってしまうぞ（ちょん切ってしまいますよ）」という声によって脅かされる。

⑤母や女児にペニスがないことを知り，これはたしかに去勢されたのだ，と思い込み，そして又，父親に対し他方では（アンビヴァレントに）愛も感じているが故に，敵意をもったことに罰せられる不安をもち，これらが「去勢不安」を生じさせる。

⑥この去勢不安によって，エディプス的近親姦願望を自ら鎮めると共に，親の価値観を取り入れることによって「超自我」を形成する。かくして男児では「去勢コンプレックス（＝去勢不安）でもって，エディプス・コンプレックスが終わる」。

〔女児の場合〕

　女児のエディプス・コンプレックス（ユングは，フロイトの弟子時代，男児と区別してこれを「エレクトラ・コンプレックス」と呼ぶよう提案したが，フロイトはあまり乗り気ではなかった）に関しては，「解剖学的な性の差別の心的帰結の二，三について」（1925年）「女性の性愛について」（1931年）[(4)] といったわずかな数の論文でしか言及していない。男性の彼にとって女性は，終生「神秘的」なもの，あるいは「暗黒大陸」であった。ここでは男児に比べてより複雑な女児

のエディプス・コンプレックスについて，主に牛島（2005年，p.13ff.）の解釈に従って説明しよう。

①女児においては男児より「両性具有性」がより明瞭に現れる。即ち，2つの性器，クリトリス（陰核）と腟（ヴァギナ）をもち，前者を通じて体験される男性的性活動と後者を通じての女性的体験とが混在している。

②女性としての成熟のためには，クリトリスから腟への性感帯の，そして母親から父親への性愛対象の移行が必要である。

③そのきっかけとなるのが，男児にはペニスがあるのに，自分にはそれがないという事実認識から生じる「ペニス羨望」（去勢コンプレックス）である。そしてペニスのない状態で自分を生んだ母親に対する強い憎しみが生じ，この憎しみは「大きなペニス」をもった父親を母親が独占していると感じることによって増幅される。

④女児は母親から離反し，関心を父親に向けるようになり，「自分もペニスがほしい」という期待を父親に抱くが，この期待は「父親の子どもがほしい」へと変化する。それによってペニス羨望は一応の決着を見ることになる。即ち男児は去勢コンプレックス（去勢不安）と共にエディプス・コンプレックスは終わるが，女児は去勢コンプレックス（ペニス羨望）が終わることによって，エディプス・コンプレックスが始まるのである。

⑤女児では去勢への脅しはないので，男児と違い，エディプス・コンプレックスを脱することによる超自我の十分な形成が損なわれることとなる。そして女性は，漠然と長い間，エディプス・コンプレックスの中にとどまり続けることとなる。

⑥こうしてフロイトと共に言えば，女性においては「超自我もわれわれが男性に要求するほどにはけっして峻厳なものでも，非個性的なものでもなく，その感動の起源から独立したものでもないのである。……女性は男性よりも正義感が少ないように見えるとか，生命の大きな必然性のもとに服従する傾向が乏しく，ものごとを決定するさいに，情愛にひかされたり敵対的な感情に導かれたりすることが少なくない，というような性格特徴……フェミニスト

たちの反対にあったからといって，このような判断に迷う者はいないだろうが，しかし，男性の大部分も男性としての理想からは遠く隔っている……。」
（フロイト，1969年，p.170）

第2節　『オイディプス王』について

　さて，このようにフロイトは，男児及び女児における，男根期（エディプス期）における父親・母親・男根をめぐる，こころの複雑な動き・葛藤を「エディプス・コンプレックス」と名づけた。本章の主旨からして述べておきたいのは，このコンプレックスの真偽――それは肯定・否定・黙殺を含めて未だ確定したものではない――の検討ではなく，何故フロイトはこの葛藤の出来事を「エディプス・コンプレックス」と呼んだか，ということである。

　おそらくは多くのひとがご存じのように，古典文学にも造詣が深かったフロイトは，ギリシャ悲劇の『オイディプス王』（エディプスはそのドイツ語読み〔Ödipus〕に由来）――さまざまなヴァージョンの中で，彼はとくにソポクレスによるものを好んだが――のストーリーにフロイトは，このコンプレックスに関連した要素を見出した。即ち父親殺し・母親との近親姦である。そこでそのあらすじを追うこととしたい。ソポクレスの『オイディプス王』には，例えば藤沢令夫による名訳（ソポクレス，藤沢訳，1967年）が存在するが，ここでは，妙木による的確な要約（妙木，2002年，p.41ff.）を多少の前書きを筆者が付した上で引用させていただく。

　　……テーバイという国の王であるライオスは，神託によって「汝は息子に殺されるであろう」と告げられる。それ故彼は，授かった息子オイディプスをキタイロンの山に捨てるが，その際，オイディプスの両足を留金で刺し貫いておいた（オイディプスとは「腫れた足」の意――筆者注）。しかしオイディプスは羊飼いに発見され，やがてコリントスの王ポリュボスのもとで育てられる。やがて時は流れて……（以上，筆者によるまとめ）。……（テーバイの）町は荒れ果て，人びとは苦しんでいる。……オイディプスはこの町にやってきて，市民に謎をかけては解けない人びと

第2節 『オイディプス王』について　65

を殺していたスフィンクスを退治したことから，そこの王となった英雄なのだが，今回の疾病惨事にはどうしたらいいものかと頭を悩ませている。そこでお后の兄弟クレオンを使いに出してデルポイの神殿にどうしたらこの国を救えるのか伺いを立てる。……そこで使いが帰ってきていうには，この国の土地の穢れを取り除けと。……かつてオイディプスが来る前に，この国はライオス王によって治められていた。彼は誰かの手で殺されたが，その下手人を罰するべきだと神託は命じたというのだ。そこで犯人捜しがはじまる。オイディプスがもめていると，そこにお后のイオカステがやってくる。そして……ライオス王がかつて自分の子どもによって殺されるという神託の予言を受けたこと，そしてどのように殺されたのかをオイディプスに伝える。それによれば「ある日三筋の道の合う場所で，よその国の盗賊どもに殺された」という。そこでオイディプスは急に不安になる。オイディプスに思いあたる場所，人，そして出来事だったのだ。そもそもオイディプスが自分の親元(ポリュポス)を離れたのは，自分が親の子ではないという噂を耳にして，デルポイの神殿に尋ねにいったことがきっかけだった。聞くと，おまえは父親を殺し，母親と交わるという神託を受けた。そしてそんなことが起こらないように旅に出た。その旅すがら，三筋の道で向こうから来る老人と喧嘩になって，彼らを殺してしまったことを思いだす。

……后のイオカステにはすでに話の全貌がわかって，走り去っている。そして真実が明らかになる。オイディプスは神託どおり，自分の父親を殺し，母にあたる人を后として交わった。動揺し混乱したオイディプスはわめきながら，閉ざされた夫婦の寝室をこじ開けて中に入る。すると「夫から夫を，子から子を二重に生んだ」イオカステは首をつって自害している。オイディプスはその首の紐を解くと，母であり妻であるイオカステが身を飾っていた黄金の留針で，自分の目の奥底深く突き刺す。そしてオイディプスは国からの追放を強く望み，最後にクレオンのはからいで連れてこられた自分とイオカステの間に生まれた女の子二人と面会して，彼女たちを一緒に連れていきたいと切望する……。

『オイディプス王』のあらすじは，大体以上のようであるが，ここであることに気づくひともあろう。即ち，この話の展開と「エディプス・コンプレックス」の内容との喰い違いである。オイディプスは，決して実母イオカステと交わりたくて，父ライオスを殺害したのではない。彼を殺害したのは，イオカステを見知るよりも以前のことである（ましてや，去勢——ライオスによる——不

安を恐れて，母イオカステとの交合を断念したのでもない）。たしかにイオカステとは関係をもってしまったが，彼女が自分の実母とは知らなかったのである。

　おそらくフロイトは，両親と（とくに）男児との愛憎の錯綜を描出するのに，この話が打ってつけだと判断して名称を拝借したのだろう。即ちそれは，この悲劇自体を分析するのでなくて，逆に「物語を精神分析が使う」（妙木，2011年，p.117）ということであり，インスピレーションを受けたということにとどまると言える。

第3節　『阿闍世物語』について

　前章で河合隼雄を中心にして日本ユング派によってなされた，西洋的な昔話に対する日本的な昔話の対置によるそれぞれの人間観の違いの提示は，以上に述べたエディプスの物語及びエディプス・コンプレックスに関して，日本のフロイト派の人々によっても類似的な企てを見出すことができる。即ちわが国の精神分析の草分け的存在である古澤平作，及び彼の弟子であると共に生前長くわが国の精神分析界をリードした小此木啓吾による「阿闍世コンプレックス論」がそれである。両者は，わが国の親子（母子）関係を規定する要としてこの理論を展開した。「阿闍世コンプレックス論」は，古澤がフロイト自身に提出した「罪悪感の2種」という論文——残念ながらフロイトは，この論文を読んだのか不明なほど無反応だったが——のサブタイトルであるが，「阿闍世」の物語はもともと仏教説話に由来するものである。例えば，『涅槃経』，『観無量寿経』，親鸞の『教行信証』にこの説話が見られる。しかし，古澤と小此木はこれらの原典にあるストーリーを微妙に変更させており，独自の，つまり古澤—小此木版「阿闍世物語」を成立させている。そしてそれに基づいて「阿闍世コンプレックス論」を展開している。文献学的に原典を重視する立場からは，このやり方に異議が申し立てられるかもしれないが[1]，逆に言えば，彼らによる「変更」という行為とその内容にこそ，日本人性が表れていると見ることもできよう。即ち物語の変容にこそ，その文化の独自性がうかがえるのであ

第 3 節　『阿闍世物語』について　67

る(2)。それはともかくとして，まず，古澤—小此木版「阿闍世物語」の要旨を，小此木による要約（小此木，1978年，p.293）を（少々長いが）引用させて頂く形で紹介しておく。

　昔，お釈迦様の時代にインドに頻婆娑羅（ビンバシャラ）という王様がいた。その妃の韋提希（イダイケ）夫人は，年をとって容姿がおとろえ，夫の愛が自分から去ってゆく不安から，王子が欲しいと強く願うようになった。するとある予言者から，山にいる仙人が天寿をまっとうして入滅（死去）した後に韋提希夫人の子として生まれ変わるという話をきかされた。しかし，妃は，夫の愛がうすれるのを恐れるあまり，その年を待てないでその仙人を殺してしまった。そして，その仙人は，妃を怨みながら「自分が生まれ変わってくる王子は，父を殺す大罪人になるだろう」という呪いの言葉を残して死んで行った。やがて韋提希夫人は身ごもったが，仙人の呪いがおそろしくてその子を生むのが恐くなり，なんとかおろしてしまいたいと願ったが，それにもかかわらず，とうとう生まねばならなくなってしまった。いざ生む時もわざと高い塔の上から生み落としたが，その子は指に傷しただけで助かって育った。このようにしてやがて成人した阿闍世に，お釈迦様の仏敵提婆達多（ダイバダッタ）がやってきてかれの出生の秘密をあばいてしまった。
　この囁きによって，その父母に忽然と怨みを抱いた阿闍世は，提婆達多にそそのかされて父を幽閉し，食を与えないで殺そうとしたが，母の韋提希夫人は，こっそり夫の命を助けようと，秘かに自分のからだに蜜をぬってはそれをなめさせていた。この事実を知って怒った阿闍世は，母までもとらえて殺そうとした。みかねた忠臣耆婆（ギバ）大臣は「昔から父を殺して王位を奪ったという話は聞いたことがありますが，母を殺したことは未だかつて聞いたことがありません」と戒めたので，阿闍世はかろうじて母を殺すことを思いとどまった。しかし，食を断たれていた父はとうとう死んでしまう。そして，後悔の念に責められた阿闍世は，全身の皮膚病を患ってもだえ苦しむことになるが，やがて母親の献身的な看護とお釈迦様との出会いによって救われる。

　さて，以上が古澤—小此木版の「阿闍世物語」の要旨であるが，一読しておそらく誰もが気づくのは，この話において父（王）が（とくに阿闍世のこころの成長において）何の能動的な役割を果たしていないこと（言ってみれば，ただ息子に殺されるだけなのである）である。このことは，第 2 章，第 3 章で確認した

わが国における「父性」の弱さ（不在）と比較考量してみると興味深いことである。それはともかく，ここでは重要な2つの点をはっきりさせておきたい。

1．2種類の罪悪感

　古澤はフロイトに提出した論文において次のようなことを書いている。「ここに子供があった。その子供は非常に従順な子供であった。あるとき彼がつい（本当についであったが）皿を落して破損したとする。そのとき子供の心の中には悪かったという心が漏然と湧いて来た。親の前に引き出された子供は畏怖のためにおののいて居たのであろう。彼は再三悪う御座いましたと，本当に心から詫びた。だが，頑固なお老爺はあくまで責めた。従順な子供は今はこらえるべくもなく，これ程までに詫びても赦して下さらないのか。私も人間だ，人間には過失もある。あとはどうでも勝手にして下さい。今の子供の態度こそは世にも怖ろしい反逆者その者であったろう。が，一方他の親はこういった『お前のしたことは明らかに悪い。過失は人間にあるにした所が，悪いことは悪い。が人間は人間，皿は破損すべきもの，どうしたって仕方ない。今後を戒めて働け。』従順な子供はそのときわっと泣き伏した。『悪いことをした私にかくまで言って下さる親。私は本当に悪う御座いました。以後は決して過失を繰返しませんから御赦し下さい。』（中略）余は子供の先きの罪悪の意識を罪悪観（ママ）と名づけ，後の罪悪の意識を懺悔心と名づけようと思う。」（古澤，2001年，p.76f.）

　ここにおいては古澤が「お老爺」と書いているのは，父親（に象徴される父性）であり，「他の親」とは母親（に象徴される母性）のことであることは，明らかであり，そこに示されていることは，阿闍世の話から考えても，小此木の言うように「処罰恐怖型の罪悪感のレベルから（中略）心から自分が悪かったと思うゆるされ型の自発的な罪悪感への心の推移」（小此木，2001年，p.34）である。ひとのこころには，こういった「2種類の罪悪感」が存在し，少なくとも両者（古澤と小此木）にとっては，「こころの底から悪かった」と思う「懺悔心」の方が罪の意識として深い（少なくとも仏教圏では）というニュアンスが看て取れる。

第3節　『阿闍世物語』について　69

　ところで，筆者は先に「阿闍世物語」への感想として父（王）が，何の能動的な役割を果たしていない，と書いた。しかし（このことはあまり指摘されてないようだが）考えようによっては阿闍世，ひいては人間の道徳的発達にとって父（王）の殺害は重要な意味をもっている。なぜならそれによって阿闍世（人間）は「罪悪感」というものを体験したからである。もちろん「エディプス・コンプレックス」の成立プロセスと違い，これが罪悪感成立の起源ということではない。しかし「去勢不安」から生じる罪悪感及び超自我の形成とは異なり，男女を問わぬものである。そして，（心身医学的にも）罪悪感（もちろん殺人によるものとは限らない）が，身体の病気——阿闍世がまさにそうなったように——に転換（conversion）することは，男女を問わずよくあることである（丸田，1989年，p.92ff.）（ここで筆者が「男女を問わない」と強調したことには理由があるが，それについては後述する）。

2．「阿闍世コンプレックス」論

　それでは，阿闍世コンプレックスについて，筆者なりに理解した限りにおいて時系列的に定式化してみよう。
①理想化された母との一体感（母―子一体性）
②母が我欲のために，自分が生まれる前にさえ，自分を殺そうとしたことへの怨み（未生怨）
③母にとって大切だった父を殺してしまったことへの罪悪感（脅され型罪悪感）
④ところが母がそれを赦してくれたことから生じる懺悔心（赦され型罪悪感）
⑤再び母―子が互いに赦し合うことによる一体感を回復したことへのよろこび

　「脅され型罪悪感」よりも，「赦され型罪悪感」つまり懺悔心の方が，「こころより悪かった」という深い情念であることを古澤は言いたかったわけであり，それによってこそ人間関係は真に修復されるのである。
　ここで，筆者が先ほど「男女を問わず」と強調したのは，フロイトのエディプス・コンプレックスとパラレルにこのコンプレックスを捉え「阿闍世が女の

子だった場合，このコンプレックスはどういう形をとるのか」という疑問を想定したからである。筆者の考えでは，女の子であっても全く同じである。なぜなら，父を亡き者にしたときに罪悪感を感じた，ということは，すでにこの時点で，子どもはエディプス期をとうに過ぎた年齢（発達段階）にあると，つまり超自我的道徳がすでにできていると考えられるからである。そもそもエディプス期（男根期＝3歳～6歳位）の男児なり女児なりが，実際に父を亡き者にすることなどまず考えられない。早くとも学童期，常識的には青年期以降であろう。フロイトが男女のエディプス・コンプレックスのあり方の別れ目としたのは，エディプス期なのである。そこにおいてフロイトは既述したように，女児においてはペニスが無いという（つまり去勢不安が生じないという）解剖学的―生物学的事実故に，女児には不完全な超自我しか形成されないとし，ここに男児と女児のエディプス・コンプレックスのあり方の相違を看取した。だがここで，このことに対する筆者自身の意見を述べれば，フロイトのこの主張（解剖学的相違から，道徳性の発達度の程度の相違を導く）には全く因果論的根拠がないと考える。さらに言えば，エディプス・コンプレックスを筆者は字義通りには納得できない[3]。男（女）児が異性の親を独占したいという感情を抱いたとしても，それは――もちろん大人の性器的（genital）欲望ではありえないが――フロイトの言うような性衝動とも思えない。よく見る光景として例えば女児に「大きくなったら，誰と結婚したい」と尋ねたときに「パパ！」と返答する気持ちの深層にあるのは，性衝動ではなく，「愛着（attachment）」なのだ（そもそも結婚の意味すら理解していないだろうが）。

　しかし，かと言って，筆者はフロイトの理論体系を全面否定するつもりは毛頭ないが（フロイトを生理的にさえ嫌う批判者（無視者）には，エディプス・コンプレックスの否定でもって彼の名をおくびにすら出さない輩が非常に多いのである）。

　宮城（1959年，p.75）も言うように，「深層心理学と性心理学はフロイトにおいては，つねにまじりあっている。しかしながら両者は一応，ひき離して考えるべきものであろう」。フロイトの性の理論が学問的検証に耐えないからと言

って，フロイトのすべてを否定すべきではない。風呂の残り湯と一緒に赤ん坊まで流してしまってはいけないのである。

　もちろん，フロイトが己の営みを「精神分析」と初めて呼んだ1896年から，すでに100年以上の月日が流れ去った。その間に，家族の，社会の，そして文化のあり方も大きく変貌した。そしてそれに符号するように，こころの病理も変化し，それに対応するように，精神分析の理論も（すでにフロイトの生前から）多岐に分化し，さまざまな考え方が精神分析学派内部で生じてきた。実は――古澤自身気づいていなかったようだが――フロイトが個人内部のさまざまな葛藤（自我，エス，超自我間のせめぎ合い）に対して，母と子との母―子関係の葛藤へのパラダイム＝シフトへの手がかりを与えていたのである。性の解放が進んで（進みすぎたくらいだが），フロイトが治療の対象とした，ヒステリーをはじめとした古典的な神経症（不安障害）は減少し――と言っても消滅したわけではない。その点では，フロイトの正統的な「自由連想法」による治療は依然有効である。しかし，20世紀後半になって，この「自由連想法」では対応できない，神経症とも言えず，かといって精神病とも言えない，言わばそのボーダーライン（境界）上[4]にあるとしか言えない，こころの病気とも性格の歪みとも言えるような症状をもった患者が急増してきた。そして手探りでその原因を究明すると，フロイトが問題にしたエディプス期（男根期）ではなく，それ以前の，つまり前エディプス期（プレエディパル期）の母―子関係に問題があったことが推論されることとなった。そして今日，「パーソナリティ障害（人格障害）」と一括して呼ばれる症例に対応するために，精神分析の主流は，乳幼児期の母―子関係の研究に移行しており，それに基づいた，自由連想法とは全く異なる治療法が，はっきりした根拠に基づいて有効であることが判明している。

　それ故最後に，向精神薬ですら直接役に立たない（対症的には効くが）「パーソナリティ障害」とくにその中でも最も多くの割合を占める「境界性パーソナリティ障害」について1つの節を設けて，まさに現代のこころの病のあり方を述べてみたいと思う。がその前に，図表4-5において，フロイト以降のフロイト派の主な流れを，鍋田（2000年，p.21〔ただし一部割愛〕）を引用させて頂いて

提示しておきたい。

図表4-5　フロイト以降の精神分析の主な流れ

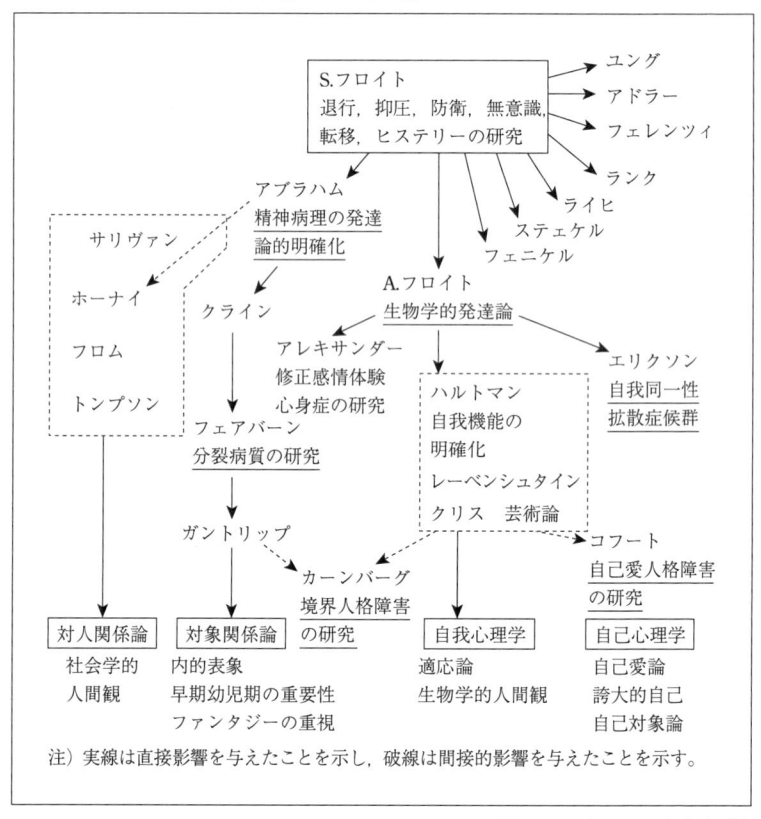

```
                    S.フロイト              → ユング
                    退行，抑圧，防衛，無意識，→ アドラー
                    転移，ヒステリーの研究    → フェレンツィ
                         ↓                 → ランク
                    アブラハム                → ライヒ
                    精神病理の発達            ステケル
サリヴァン           論的明確化              フェニケル
ホーナイ              ↓        A.フロイト
                    クライン   生物学的発達論
フロム                ↓      アレキサンダー              → エリクソン
トンプソン             ↓      修正感情体験                 自我同一性
                    フェアバーン 心身症の研究              拡散症候群
                    分裂病質の研究   ハルトマン
                         ↓          自我機能の
                    ガントリップ      明確化
                         ↘          レーベンシュタイン
                          カーンバーグ クリス　芸術論
                          境界人格障害              コフート
                          の研究                  自己愛人格障害
                                                 の研究
 対人関係論    対象関係論       自我心理学      自己心理学
 社会学的      内的表象          適応論          自己愛論
 人間観       早期幼児期の重要性  生物学的人間観   誇大的自己
              ファンタジーの重視                 自己対象論
```

注）実線は直接影響を与えたことを示し，破線は間接的影響を与えたことを示す。

（鍋田，2000年，p.21〔一部省略〕）

第4節　「境界性パーソナリティ障害」について

1．「パーソナリティ障害」とは[1]

とりあえず，DSM-IV-TR（精神疾患の分類と診断の手引・新訂版）における「パーソナリティ障害の全般的診断基準」をそのまま図表的に引用してみよう。

図表 4-6　DSM-IV-TR・新訂版

パーソナリティ障害の全般的診断基準
General Diagnostic Criteria for a Personality Disorder

A. その人の属する文化から期待されるものより著しく偏った，内的体験および行動の持続的様式。この様式は以下の領域の2つ（またはそれ以上）の領域に現れる。
   (1) 認知（すなわち，自己，他者，および出来事を知覚し解釈する仕方）
   (2) 感情性（すなわち，情動反応の範囲，強さ，不安定性，および適切さ）
   (3) 対人関係機能
   (4) 衝動の制御
B. その持続的様式は柔軟性がなく，個人的および社会的状況の幅広い範囲に広がっている。
C. その持続的様式が，臨床的に著しい苦痛，または社会的，職業的，または他の重要な領域における機能の障害を引き起こしている。
D. その様式は安定し，長期間続いており，その始まりは少なくとも青年期または成人期早期にまでさかのぼることができる。
E. その持続的様式は，他の精神疾患の表れ，またはその結果ではうまく説明されない。
F. その持続的様式は，物質（例：乱用薬物，投薬）または一般身体疾患（例：頭部外傷）の直接的な生理学的作用によるものではない。

(2003年，p. 233f. より)

　これではパーソナリティ障害とは何であるかよくわからないと思うので，筆者なりに説明すると，「その性格が平均人から見て，極端に偏っている，あるいは『くせがある』ために，対人関係がうまく保てず，相手を苦しめたり，自分が苦しんだりするパーソナリティのあり方」ということになろうかと考える。

　パーソナリティ障害は10種類あり，それらがさらに，3つのクラスター（群）に分けられる。ここでは丹治（2008年，p.38）による図表を引用させて頂くこととする。

図表 4-7　パーソナリティ障害の種類と特徴

A 群（自閉的で妄想を抱きやすく，奇妙で風変わりな行動や考え方をする）	
妄想性パーソナリティ障害 (Paranoid Personality Disorder)	日常の出来事に悪意を感じ，他者に強い不信感と疑い深さを持つ。
シゾイトパーソナリティ障害 (Schizoid Personality Disorder)	内向的で孤独を好み，感情表現が少なく，よそよそしい振る舞いをする。
失調型パーソナリティ障害 (Schizotypal Personality Disorder)	魔術的思考を信じるなど，迷信的な思い込みを持ち，奇妙な考え方や行動をする。
B 群（感情的な混乱が激しく，演技的で移り気である）	
反社会性パーソナリティ障害 (Antisocial Personality Disorder)	自分の利益や満足のために他人の権利を平気で無視し，侵害する。
境界性パーソナリティ障害 (Borderline Personality Disorder)	激しい感情表現，見捨てられ不安，自殺企図，自傷行為などを特徴とし，対人関係や社会適応を障害する。
演技性パーソナリティ障害 (Histrionic Personality Disorder)	外見を気にして常に周囲の関心を集めようとし，自分の考えや行動を大げさに表現する。
自己愛パーソナリティ障害 (Narcissistic Personality Disorder)	過剰な自信とプライドを持ち，自分を特別な存在だと思っており，他者からの非難を一切受け付けない。
C 群（不安や恐怖感を特徴とし，周囲の評価や視線を極端に気にする）	
回避性パーソナリティ障害 (Avoidant Personality Disorder)	他者からの批判や拒絶に対して極端に敏感で，失敗を恐れて対人関係を避ける。
依存性パーソナリティ障害 (Dependent Personality Disorder)	他者に世話をされたいとか傍にいてほしいという強い欲求があり，そのために常に従順で受身的な態度をとる。
強迫性パーソナリティ障害 (Obsessive-Compulsive Personality Disorder)	完全主義で，秩序やルールにとらわれ過ぎるため，柔軟性や効率性に欠け，社会適応に問題を生じる。

(丹治，2008年，p. 38 より)

2．「境界性パーソナリティ障害」について[2]

　ここでも「パーソナリティ障害」と同じく，DSM-IV-TR から，その特徴と診断基準をとりあえず図表的に引用する。

図表 4-8　DSM-IV-TR・新訂版

境界性パーソナリティ障害
Borderline Personality Disorder

　対人関係，自己像，感情の不安定および著しい衝動性の広範な様式で，成人期早期までに始まり，種々の状況で明らかになる。以下のうち5つ（またはそれ以上）によって示される。
(1) 現実に，または想像の中で見捨てられることを避けようとするなりふりかまわない努力
　　注：基準5で取り上げられる自殺行為または自傷行為は含めないこと。
(2) 理想化とこき下ろしとの両極端を揺れ動くことによって特徴づけられる，不安定で激しい対人関係様式
(3) 同一性障害：著明で持続的な不安定な自己像または自己感
(4) 自己を傷つける可能性のある衝動性で，少なくとも2つの領域にわたるもの（例：浪費，性行為，物質乱用，無謀な運転，むちゃ食い）
　　注：基準5で取り上げられる自殺行為または自傷行為は含めないこと。
(5) 自殺の行動，そぶり，脅し，または自傷行為の繰り返し
(6) 顕著な気分反応性による感情不安定性（例：通常は2～3時間持続し，2～3日以上持続することはまれな，エピソード的に起こる強い不快気分，いらだたしさ，または不安）
(7) 慢性的な空虚感
(8) 不適切で激しい怒り，または怒りの制御の困難（例：しばしばかんしゃくを起こす，いつも怒っている，取っ組み合いの喧嘩を繰り返す）
(9) 一過性のストレス関連性の妄想様観念または重篤な解離性症状

(2003年, p. 237f. より)

　図表中にあるように，これら9項目のうち，5項目以上（治療者が判断して）該当すれば「境界性パーソナリティ障害」（以下では BPD と略すこととする）と診断されることになるわけだが，項目によっては説明が抽象的であったり難解であったりするだろうと思う。そこで，DSM-IV（1996年）の説明を適宜引用しつつさらに説明を加えたい（〔　〕内は筆者による付加的説明）。

(1)について：分離や拒絶〔されること〕が迫っているという知覚……によって，自己像〔＝自分自身についてのイメージ〕，感情，認知，および行動に大きな変化が起こる。これらの人達は，周囲の状況に非常に敏感である。こうした人達は，現実の時間の限られた別離や避けられない計画の変更に対してさえも，見捨てられる恐怖や不適切な怒りを強く体験する（例：……自分にとっ

て重要な人物がほんの2，3分遅れたり約束を取り消さなくてはならなくなったときの恐慌〔パニック状態〕や激怒)。……こうした見捨てられ恐怖は，1人でいることに耐えられないことや，他の人に一緒にいてもらいたいという欲求と関係している。

(2)について：こうした人達は1，2回会っただけで，自分の面倒を見てくれるまたは愛してくれる可能性のある人を理想化し，長い時間を一緒に過ごすように要求し，対人関係の最初から非常に個人的なことを詳しく分かち合おうとする。しかし彼らは，その人が自分の面倒を十分にみてくれない，十分なものを与えてくれない，または十分に"そこに"いてくれないと感じると，即座に変化してその人を理想化するところからこきおろすようになる。……こうした人達は他人に対する見方を突然に，しかも極端に変化させる傾向があり，その人が有益な援助をしてくれる人と残酷な罰を与える人という見方が交互に出てきたりする。こうした変化はしばしば，何かを与えてくれると理想化している人，または拒絶されたり見捨てられたりすると予期している人に対する幻滅を反映している。

(3)について：目標，価値観……の変化に特徴づけられる自己像の突然で劇的な変化が存在する。職業，……価値観，友人の種類などについての考えや計画が突然に変化するのである。こうした人達は，助けを求める者から突然にその役割を変え，過去の虐待に対する正義の復讐者へと転ずるのである。……こうした体験は通常，意味のある対人関係，世話，支持などを受けられなくなったと，この人達が感じる状況で起こる。

(4)について：〔これについては付加的説明は不要だろう〕。

(5)について：この人達の8～10%は実際に自殺してしまい，自傷行為〔例えばリスト・カットや向精神薬などの大量一気飲み（オーバードーズ）〕の企図は非常に多い。繰り返される自殺企図は，しばしばその人が救いを求める理由となる。これら自己破壊的行為は通常，分離や拒絶の脅威……が増大する可能性が示された時に起こる……。

(6)について：〔これについては付加的説明は不要だろう〕。

(7)について：〔同上〕。
(8)について：彼らは，ひどく辛辣で，いやみを言い続けるし，爆発的に激しい言葉を吐いたりすることがある。世話をやいてくれる人や愛してくれる人が，冷淡だ，何も与えてくれない，世話をしてくれない，または見捨てた，と思うと，しばしば怒りが呼び起こされる。こうした怒りの表現はしばしばその後，恥ずかしさや罪悪感へのつながり，自分が悪いという気持ちがわいてくる。
(9)について：……これらのエピソードは，現実のあるいは想像上の見捨てられることへの反応としてしばしば起こる。症状は一過性で数分から数時間維持する。世話をしてくれる人が現実にさまざまなことをしてくれるか，またはそうだと思ったときに，これらの症状は寛解する。〔なお基準の文書中にある「妄想様観念」とは，二次妄想とも呼び，妄想の発生が患者の病的感情状態や一定の性格者の状況への反応として（治療者に）了解できる妄想を意味する。統合失調症（旧名：精神分裂病）以外の妄想はほとんどこれである。また「解離性症状」とは，例えば「離人症」のことであり，これは通常3種類に分類される，現実感喪失の状態を表わし，第1に，自分が変わってしまった，自分だという実感がない，自分が考えたり行動しているという感じがしないこと。第2に周囲のものに実感がない，外界と自分の間にベールがあるようだ，景色や花を見ても美しいなどと感じないこと。第3に，自分の身体，手足，顔が自分のものだと感じられない，自分の身体が生きていないようだと感じること，を意味する[3]〕。

3．BPDになりうると想定される要因

パーソナリティ障害の中では，BPDの患者が最も多く，幅はあるが，臨床症例において30％から60％はBPDであると言われている。また，女性に極立って多いのが特徴であり，約75％が女性である（ただし最近は男性も増加している）。

なぜこのような障害が生まれてしまうかについて述べる際には，M. S. マーラーによる乳幼児とその母親との相互作用に着目して打ち立てた，乳幼児の3

歳までの成長論である「分離・個体化」理論に基づくとわかりやすい。即ち，青年期になって発症するBPDの要因の萌芽（きっかけ）は，すでに前エディプス期の母―子関係にあるのである。以下に――マーラーの著書『乳幼児の心理的誕生』(1981年〔原書の発行は1975年〕) は叙述が長いので――関による適切な要約（1996年）を図表の形で引用させて頂く。

　図表4-9において，筆者がアンダーラインを引いた「再接近危機」の状況において，母親との適度な間合いを作れなかったことが，後年，強い「見捨てられ不安」を生み出すことになりBPDの状態の下地となるのである。即ち，佐方（2004年，p.23f.）と共に言えば「再接近期において，幼児は母親的人間と結合することを望むとともに分離することも願うので，依存と自立の両価的傾向（ambitendency）が高まる。この時期に母親的人間が『安定して有効であること』ができずに，子どもが自立しないように溺愛し過保護になったり，依存しないように拒否的になるなどの不適切な対応をとってしまうと，激しく根深い分離不安や不信感，見捨てられ感情が引き起こされ，原初的な攻撃欲求が活性化されるようになる。それが，安定したまとまりのある自己イメージや対象イメージを統合することを妨げて，断片化した自己と対象のイメージがバラバラなままに混然と心のなかに残されることになる。そして，第二の分離―個体化期といわれる青年期にいたり，現実社会とのかかわりのなかでアイデンティティの危機にさらされて破綻をきたしたとき」にBPDの諸症状が発症するのである。

　なお，先ほどDSM-IV-TRの項目(2)，つまり，BPDのひとは相手の理想化とこき下ろしとの両極端を揺れ動くのは何故だろうと疑問に思った向きもあるかもしれない。筆者の経験でも，筆者の不注意な一挙手一投足で態度が豹変したので当初は「解離性同一性障害」つまり「多重人格者」なのか，と思ったくらいである。

　これは，BPDのひとが多用する「分裂（splitting）」というメカニズムに拠るものである。李（1999年，p.150）を引用して説明すると，分裂とは「対象表象や自己表象が，良い部分と悪い部分の両方をもつ全体として受け入れられ

図表 4-9　M. マーラーによる乳幼児の「分離・個体化」の発達段階

(1) 正常な自閉期（生後最初の数週間）
　　この時期は、心理的過程よりも生理的過程が優勢であり、乳児は胎児期に近い状態にいて過度な刺激から保護されている。新生児は「無条件の全能的自閉球」に属しているように思われる。自閉期の課題は、新しい胎外での環境で、生理的メカニズムによって恒常的平衡状態を達成することであり、新生児は目覚めた状態では絶えず生体恒常性を達成しようと試みる。乳児は自分自身の緊張緩和の試み、たとえば排尿、排便、咳、くしゃみ、唾吐き、吐きもどし、嘔吐などの、不快な緊張から脱しようと試みる。しかし乳児はこの試みと、母親の世話によるものとを区別することができない。

(2) 正常な共生期（生後2～5カ月）
　　この時期は、養育してくれる対象をぼんやり意識するようになることで始まる。乳児はあたかも自分と母親が1つの全能の組織、1つの共通した境界をもつ2者単一体であるかのように行動する。しだいに乳児は、飢えなどの欲求がもたらす緊張が外部の力によって解消されたり、苦痛な緊張が内部に生じることに気づくようになる。しかし、乳児と母親はいまだ未分化で融合した状態にあり、満足が与えられ欲求が解消してしまうと、自己と母親との境界も消失してしまう。この共生期は、乳児の後のすべての人間関係の根本的な土壌となる。
　　（以下一部略）
　　正常な自閉と正常な共生は、いずれも正常な分離・個体化の開始に欠くことのできないものである。

(3) 分離・個体化期（生後6カ月～36カ月）
　　この時期、子供は少しずつ母親から分離し、個としての同一性の感覚を発達させていく。マーラーは特徴的な行動パターンに従って、この時期を次の4つの下位段階に分けた。
　①分化（生後5～10カ月）
　　母親への身体的依存が減少する。母親と子供は1つの環境を共有し、二者単一体を形成していたが、その中で子供と母親という2つの極が分化し始め、子供は自他を区別できるようになる。
　②練習（10～16カ月）
　　子供は這うことや歩行することで、母親が離れて探索したり、母親のもとに「情緒的補給」を求めて戻ったりすることを練習する。この時期、子供に情緒的に適切に応じてくれる基地としての母親の存在がきわめて重要となる。
　③再接近（16～25カ月）
　　歩くことを覚えた子供は、母親から離れて自由に身体を動かす喜びを体験するようになる。しかし一方で何か苦痛をこうむったとき母親が、いつもそばにいるわけではないことを発見し、驚き当惑する。そのため、子供は離れる喜びと分離不安との相矛盾する状況にさらされる。子供は母親から離れたり近づいたりすることで、呑みこまれるでもなく見放されるでもない適当な距離を見出そうとする。この時期、子供は親の承認と不承認に対して非常に敏感になり、きわめて傷つきやすくなる。これが再接近危機と呼ばれるものである。この危機が解消して第4期に入るが、<u>この再接近危機は今日の境界性人格障害の理解の上で大きな示唆を与えており</u>、特にマスターソン Masterson, T. やカーンバーグ Kernberg, O. F. は、再接近期を重視している。
　④個体性と情緒的対象恒常性の確立（25～36カ月）
　　子供は母親の不在時にもその表象を保持できるようになる。ある程度の情緒的恒常性が確立されるためには、母親は子供と分離した人間として明瞭に知覚され、内的対象として取り入れられることが必要である。

（注：アンダーラインは筆者が付加）

ず，それらを別々のものとして切り離して経験すること」である。

　原初的には，乳児が母親を全体として捉えることができず，その乳房を言わば部分対象としてのみ捉えることに由来する。つまり，授乳に際して満足を与える乳房は「良い乳房」であり，不満をもたらす乳房は「悪い乳房」なのであり，両者が同一の乳房であると統合的に理解できないところに由来する。

　BPDのひとは――再び李から引用して説明すると――「この分裂機制を多用するのが特徴です。そのため対象の理想化と価値切り下げの両極端を行き来しやすく，中間的段階をもちこたえられないために，対人関係が不安定で強烈になりがちです。極端に理想化していたかと思うと（all good），少しでもいやなところが見えると価値切り下げをしてしまうので（all bad），大好きだった人が突然大嫌いな人になり，対人関係が長続きしません。理想化しているときは，自分が描いている理想的イメージを投影しているわけですが，現実の相手の姿が見えると幻滅してしまうのです。……（中略）相手の悪い部分も認めて関係を続けられるかどうかが，心の成熟の指標になります。他方，自分に対しても，非常に傲慢さや自己愛が目立つ時があるかと思うと（all good），少しの失敗で『自分なんか死んだ方がまし。生きている価値がない』（all bad）というように，極端な評価を下しがちです。失敗したときには，どこがいけなかったのかを具体的に分析することが必要なのですが，この直面化を避けて，自分への価値切り下げだけを行うために，性急な自殺未遂が生じたり，同じ失敗を何度も繰り返したりします」[(4)]。

4．BPDのひとへの，身近にいるひとの接し方

　元より筆者は精神分析医でもなければ，BPDのひとでもない。それ故専門的な治療法については実感をもって語ることはできない。それ故，書物を読んだだけで言えば，D. W. ウイニコットの言う「抱っこ（holding）」――もちろん本当に抱っこするわけではない――あるいはW. R. ビオンの言う「うつわ（container）」という治療環境を確立する必要がある。その内部でBPDのひとは徐々に見捨てられ感を解消し，守られているという実感を得，そして分裂し

ていた対象イメージ及び自己イメージをそれぞれ統合していくのである（ビオンの理論に従って，BPDのひとの精神分析的治療が成功した臨床例の記録としては，例えば鈴木，2009年，p.66ff. を参照）。

しかし筆者は，BPDのひとの「治療」には，専門医よりも，家族，配偶者あるいは恋人のようなひとの関わり方の方が重要ではないかと回顧的に感じている。本書の冒頭に記したように，筆者の配偶者はBPDであった。現在完全にその兆候がなくなったわけではないが，おそらく加齢により随分穏やかな生活を送っている（もう派手なことをやらかすスタミナがないのかもしれないが）。

私事を述べ連ねて恐縮であるが，岡田（2009年）から適宜引用させて頂きながら，筆者が「確かにそうだ」と実感するところを述べてみたい。BPDのひと「との出会いは，とても印象的で，心を惹きつけられるものがある。一目見たときから，注意を向けずにはいられないような魅力とオーラを放っていることもあれば，放っておけないような，保護本能をくすぐるものを感じさせることもある。（中略）繊細で，思いやりのある優しい気遣いを見せるかと思えば，突然，常識を超越したストレートな言葉で，痛いところをついてきたりする。よく気のつくサービス精神旺盛な面と，こちらをドキッとさせる大胆な振る舞いのギャップに，枠にはまらない新鮮さを感じ，魅了されていく」（同書，p. 18f.）。

まさしく筆者もその通りの状態になり，やがて結婚した。しかし配偶者がとんだ「おんぶお化け」であることを心底から知らされたのはその後であった。七転八倒と言うべきか，山あり谷ありと言うべきか，その共同生活のすさまじい顛末を述べることは省略するが，そうこうするうちに，適度な対応と間合いのとり方，コミュニケーションの仕方（言葉の言い方）を自然に学んでいった。

岡田の書に出会ったのは，つい最近のことであるが，その第六章から第八章にかけて（同書，pp.168～250）「BPDを支える」「BPDを改善する」「BPDからの回復」についてさまざまなアドヴァイスが，BPDのごく身近にいるひと向けに書かれている（41項目）。筆者はそれらの内の2つに「全くその通りだ」と実感した。それを記すことによって，この節（ひいてはこの章）を終えるこ

ととしたい。即ち，「どんな事態にも動じず，安心させる」(p.200)及び「穏やかで冷静な態度をとる」(p.176ff.)である（さらに不遜にも筆者自らが付加するなら，「身近に接する者も，自らのストレス・ケアに努める」ということだろう）。

第5章
「心配性」について

第1節　「心配性」の定義と諸特徴

1．「心配性」の定義

　『広辞苑（第六版）』（新村編，2008年，p.1462）によると，心配性（症ではない）の説明として「些細な事柄まで気にかける性質」とあるが，筆者は，この説明は誤っている（とまで言わなくとも不十分である）と感じる。というのも，今から乗る飛行機が墜落するんじゃないか，と例えば心配しているひとは，心配性のカテゴリーに入ると思うが，飛行機の墜落事故は，決して「些細な事柄」などではなく，大惨事である。同じように，例えばペットの猫を一匹，家に置いたまま旅行に行かなければならない事態に遭遇したとき，「ひとりにしておいて何か起こりはしないだろうか」と心配するのは，世間的には（あるいは擬人化するほどペットに愛着をもったことのないひとには）「そんなことぐらい」と一笑に付すかもしれないが，本人にとっては大問題なのであり，旅の間中，ペットのことが頭から離れないであろう。

　問題なのは，心配する事柄の大小なのではなく，その心配する事態が生じる可能性の過剰な査定なのである。それ故，ここでは心配性を次のように定義したいと考える，即ち「自分（もしくは自分にとって大切な人物〔さらにはペットなどの動物，もの，事柄など〕）に対して好ましくない，あるいは望ましくない事態が生じる可能性を過大に捉えてしまい，それによって不安や緊張・動揺を生じやすい性格」というものである。グールディング夫妻は，この辺りの消息を端的に説明している（M. M. グールディング ＆ R. L. グールディング，1995年，p. 296）。「論理的説明をいくら並べても，本物の心配性には勝てません。たとえ

ある心配が現実のものになる確率は1500万対1だ，ということを証明して見せたとしても，相手はその『1』の方にこだわるでしょう」と．

2．「心配性のひと」の特徴

次に，心配性のひとにありがちな共通した事柄を箇条書きに述べていきたいと思う．

(1)　まず，はっきりしたいことは心配性は，そういう性格であって，こころの病気ではないということである（だから心配症ではない）．しかしある種の心配が昂じて「不安障害」といった病に陥る可能性はある（これについては，後述する）し，また正常範囲と病的な範囲のはっきりした線引きは難しい．

(2)　心配性のひとは，上述した定義からして，自分に関係（影響）のないことなら，何事であっても些細なことであって心配になどならない．しかしその事態が自分（及び自分の大切なものごと）に影響してくるとわかると，途端に心配になってくる．

(3)　心配性のひとは「もし～したら（もし～になったら）どうしよう」という言い回しを口癖のように多用する．

(4)　確たる統計調査に拠ることではないが，日本人は，世界的にも有数の「心配性（不安傾向や情緒不安定性が高い）のひと」が多い国であるらしい（菅原，2004年，p.75参照）．

そう言われてみれば，日本人はよく「万（が）一」という言葉を口にする．1万分の1の確率のことを字義通りにとれば意味するわけだが，そこまで不幸な事態や想定しうる限りでの故障へのケアまで考慮に入れているとも解釈できる（論理の飛躍かもしれないが，日本の精密機器の優秀さは，そこに由来するのかもしれない）．

(5)　心配性のひとは，人生には心配事やいやなことの方が，楽しいことやうれしいことよりも多いと感じている[1]．

(6)　旅行といった同じ体験をすることになったとき，心配性でないひとは欲求満足追求行動（あるいは好奇心満足行動）をするのに対し，心配性のひとは，

安全追求行動（あるいは危険回避行動）をこころ懸ける。

　(7)　心配性のひとは，何事も悲観的な見方をしがちである。

　(8)　心配性のひとは基本的に独りでいる方が安心する。他のひとがそばにいると気になったり，（相手によっては）気を遣ったりせねばならないので，独りでいる方が気が楽なのである。

　(9)　心配性のひとは（基本的に動揺し易く，又，内向的なひとが多いので）自分のこころの動きに対し鋭い感受性をもち，又，それに対する省みをするので，他人によるちょっとした自分への批判にも傷つきやすい。

　(10)　心配性のひとの傷つきやすさは，(9)のように，鋭い感受性のせいでもあるが，自分がひとに知られたくないし，否定もしたい劣等感や弱点が露わになるのではないか，という不安のせいでもある。

　(11)　心配性のひとは(8)で言ったように基本的に独りでいたいのだが，心配事があって心細くなってくると，他人に依存したいという依存欲求も人一倍強い（その「他人」が「適切」なひとであればよいが，心配事によっては理性的配慮を失って，所謂「エセ宗教」や「自称霊能者」などというものに走って，場合によっては多額なお布施を上納したりするようになってしまうと問題である。あるいは依存する対象がひとでなく，アルコールなどで気を大きくしようとすると，十中八九アルコールその他の依存症になるだろう）。

　(12)　心配性のひとは，穏やかでリラックスした雰囲気を好むので，一般に強い感覚刺激を好まない。

　(13)　心配性のひとは（特殊な話だが）催眠に対する抵抗が大きい。

　(14)　心配性のひとは「圧力鍋効果[2]」の影響を受けやすい。「圧力鍋効果 (pressure cooker effect)」というのは，S. E. ホプフォールという研究者が作り出した用語であり，彼は夫や恋人が戦地にいる女性を対象にした研究で，友人との関係が親密であればあるほど不安が高くなることを見出した。つまり，同じようなストレス下に置かれた場合，親密な友人との相互的な情報交換がかえって不安を増大させることを言う。予防接種の日に，友だちと注射の話をする小学生の不安が余計に高まるのは（話だけでもう泣き出す子もいる）この効果で

説明できる。(11)で述べたように，心配性のひとは不安なとき心細くなり依存しやすくなるので，友人の話の影響を強く受けてしまうのである。

(15) 心配性のひとは「予期不安」を抱きやすい。「予期不安(expectation anxiety)」というのは，「一度たまたま失敗した状況（――「失敗」だけとは限らない。「バスに酔った」という「不快な体験」や，乗っている飛行機が例えば乱気流に遭遇し，すごい「恐怖体験」をした，なども含み入れるべきである――筆者による付加）に再び直面せざるをえない場合の不相応に強い不安，または，たえず不安（浮動性不安）があり，何かを予期しつつおびえ，たまたま生じる偶然の出来事にそれが容易に結びつけられるような不安」（加藤・保崎・三浦・大塚・浅井監修，2006年，p.376）のことを言う。

図表5-1は（筆者の若い頃の愛読書であった）コミックから4コマ話を1つ引用させて頂いたものである。一番考えられるのは，この飛行機のフライトの前日位に飛行機の墜落事故があったのだろう。そうするとこの飛行機の乗客全員に「この飛行機も落ちるんじゃないか」という予期不安が生じても何の不思議もない。その不安が飛行機内の雰囲気となって充満したとき，機長の何げない偶然の「あ」の一言で，機内はパニック状態になってしまった訳である。

(16) 心配性のひとが予期不安の虜になると，森田療法[3]の言うところの「精神交互作用」が生じ，それによって「不安障害」（後述する）などの病的な症状が出てくる可能性がある。その辺の消息を（少々長くなるが）岩井（1986年，p.73）から引用しよう。「たとえば一例として，しょっちゅう喋るときに震えがちなあるひとが，震えまい震えまいと努力をした結果，かえって震えがひどくなり，会場で立往生して会議をやめてしまったとする。この場合，彼はまだ喋っていない時期から，もし自分が震えたらどうしようという『予期不安』にとらわれていたのである。そして上手に喋ろうとすればするほど，その『予期不安』は拡大され，実際に喋る段になると，緊張ばかりが大きく目立つようになって，話の内容が忘れられてしまうのである。そこでしまったと思い，うまく話そうと考えて焦れば焦るほど，むしろマイナスなストレスが話すという行為の上に重なってゆき，ついには立往生する結果になって，逃避せざるを得

第 1 節 「心配性」の定義と諸特徴　87

図表 5-1　吉田戦車『伝染るんです①』

（1990年, p. 58 より）

なくなってしまう。つまり，『精神交互作用』とは，自分にとって不都合な心身の弱点を取り除こうと努力をすればするほど，逆にそこに注意が集中し，結果としては自分に不都合な症状（神経症の症状）を引き出してしまうことをいうのである」（図表 5-2 として，岩井〔同書, p.75〕が考えたプロセス表を引用させて頂いた。左側が「精神交互作用」の悪循環のプロセス，右側が不安をあるがまま

88　第5章　「心配性」について

図表5-2　「精神交互作用」（左）のメカニズム

```
                    ┌─────────────┐
                    │ 一般的な刺激 │
                    └──────┬──────┘
                           ▼
                    ┌──────────────────┐
                    │ 心身に対する反応が起こる │
                    └──┬────────────┬──┘
                       ▼            ▼
        ┌─────────────────┐  ┌─────────────────┐
        │ 自分にとって都合の悪 │  │ 当然あり得べき刺激お │
        │ い刺激および反応を拒 │  │ よび反応を受け入れる │
        │ 否する              │  │                    │
        └────────┬────────┘  └────────┬────────┘
                 ▼                    ▼
        ┌─────────────────┐  ┌─────────────────┐
        │ 拒否すればするほど、 │  │ 心身の変化は消退して │
        │ そのことが新たな刺激 │  │ いく                │
        │ となって、さらに心身 │  │                    │
        │ の変化が増強される   │  │                    │
        └────────┬────────┘  └────────┬────────┘
                 ▼                    ▼
        ┌─────────────────┐  ┌─────────────────┐
        │ 具体的に心身の変化が │  │ 心身の変化はいよいよ │
        │ 現われるので、さらに │  │ 消退する            │
        │ それをなんとかして打 │  │                    │
        │ ち消そうと無駄な努力 │  │                    │
        │ をする。それがまた新 │  │                    │
        │ しい刺激となる       │  │                    │
        └────────┬────────┘  └────────┬────────┘
                 ▼                    ▼
        ┌─────────────────┐  ┌─────────────────┐
        │ 精神交互作用の悪循環 │  │ まったく平常に復元す │
        │ が起こる            │  │ る                  │
        └─────────────────┘  └─────────────────┘
```

（岩井，1986年，p.75）

に受け入れ平常に課題を成就するプロセスである）。

(17)　心配性のひとが何故心配性になったのか、について考えると、遺伝的素因もあるだろうが、幼少期のとき、親がしつける際に、「不安」を利用し、強化したことが大きいと考えられる（根本、前掲書、第4章参照）。根本が挙げている例を列挙すると、まず言葉として「そんなに食べると、後でおなかが痛くな

りますよ」「歯を磨かないと，虫歯になるよ」「早く服を着ないと，風邪をひいて注射になるよ」「甘い物ばかり食べると，太るぞ」「野菜食べないと，病気になるよ」「勉強しないと，後で後悔するぞ」「そんなことしていると，ばちがあたるよ」「世の中そんなに甘いもんじゃない，そのうちひどい目に遭うぞ」「お母さんは，もう知りません」「それじゃ，なんでも自分でやるのね」「言うことを聞かないと，このまま置いていってしまいますよ」など。そして行為として「暗い押入れに閉じこめる」「窓から放り投げるまねをする」「何も言わずに激しくぶつ」「戸外に追い出す」「食事を与えない」など（これらの行為はくり返されれば虐待と言える）。

　さてここまで列挙してみて，心配性のひとは，暗澹たる気分になったかもしれないが，発想をポジティヴに転換すれば，心配性故によいところもあるのである。

(18)　心配性のひとは，無謀なことや危険なことをしないので，事故や事件に巻き込まれることが少ないと考えられる。

(19)　重罪を犯すこともまずないと考えられる。

(20)　波瀾万丈ではないが，人生を堅実に積み重ねていけると考えられる。

第2節　「心配性」のひとの根本気分としての「不安」

1．「恐怖」と「不安」

　一般に「感情（feeling）」は「情動（emotion, affect）」と「気分（mood）」に分けられる。情動は，明確な対象や事態に対して反応的に急激に生じる一過性の激しい感情を指し，例えば喜び，怒り，恐怖，驚きなどがこれに属する。これに対し気分は，持続的な，情動ほど激しくない感情の状態で，例えば不安，悲哀，憂うつ，快活などの機嫌の良さ（悪さ），調子の良さ（悪さ）といった状態感情である。

　この定義によれば，恐怖は情動であり，不安は気分に分類される。たしかに，見知らぬ大きな犬が自分に向かって来たら恐怖を突如感じることはある

が,「あの犬に何かの不安を感じる」と言うのはどこかナンセンスである(もっとも「不安そうにしている犬」ということはあるだろうが)。

このように「恐怖(fear, Frucht)」と「不安(anxiety, Angst)」は,情動と気分という別の感情に区分されることが多い。生田(1994年,p.22)は,図表5-3のように細かくその特徴によって両者の相違点を明確にしている。

図表5-3 「不安」と「恐怖」の比較

不　安	恐　怖
・原初的,根源的反応	・不安からの発展
・対象化困難,漠然としている	・対象化・特定化可能
・背後,あるいは四方八方から忍び寄る	・対象から向かって来る
・自分自身の現実的位置付けが困難	・対象と自己の客観的位置付けの試み
・全人格を巻き込んだ危機に	・対象へ注意集中
・無意味な混乱状態	・脅威の対象化と,逃走態勢へ
・感覚が不確かに	・感覚が鋭敏に
・感覚を有効利用できない	・感覚を行動化へと利用
・"Ich ängstige mich"	・"Ich fürchte etwas"

筆者注:"mich"は英語の"me"で一人称の再帰代名詞。"etwas"は英語の"something"

もっとも両者の明確な区別に異を唱える向きもある。宮城(1968年,p.55)は「恐怖と不安の中間の感情」というものがあり,それをひき起こすものとして「リシュは,その主なものとして,未知なもの,暗黒,孤独をあげた」と述べている。

しかし,この章で問題にしている「心配性」のひとを(ひどい場合は四六時中)支配しているのは,本章の最初に「心配性」の定義で述べたように,持続的な「不安(と緊張)」であろう。

2.「不安」の区分

不安は,さらに考えていくとさまざまな形で区分できる。ここではそれを考えてみたい。

（1）「特性不安」と「状態不安」

「特性不安」とは，不安になりやすい性格，不安への陥りやすさのことを意味する。個人差があり，不安傾向が高いか低いかは，生まれもった素質・遺伝要因と後天的な経験・育てられ方という環境要因とに拠る。そして心配性のひとは，言うまでもなく不安傾向が高いひとである。

それに対し「状態不安」とは，不安という身体的・精神的状態にあることを指す。（不安を生起させる）何らかの兆候に対する反応として生じる状態のことであり，これは心配性のひとでなくとも誰でも体験することである。状態不安に（つまり不安な気分に）陥りやすい状況としては以下の3つの状況が考えられる。

① 予測不能な状態に置かれたとき——自分にとって脅威（ストレス）となるある事態（例えば大型台風の接近）が，いつ，あるいはどの位の大きさの脅威として自分を襲うか予測がつかないとき。

② 理解不可能な状況に置かれたとき——全く理解できないような事態（例えばいつも会えば，話をする友人が，あるときプイと横を向いて通りすぎていった），あるいは予期に反した事態が自分に生じているか，生じそうになっているとき。

③ 対処不可能な状況に置かれたとき——ある事態への対処の方法が存在しないか，問題解決の手段が自分にはない，あるいは他人の手に委ねられているとき（例えばアウシュヴィッツなどナチスの収容所では，到着時に列ばされ，「すぐにガス室行きか，しばらく労働をさせるか」を，ナチス親衛隊の将校〔医師の場合もあった〕が，「右！」「左！」と指一本で瞬時に「裁いて」いた）。

（2）　人間存在の本質に基づく3種類の不安

人間が不安を抱く理由は，人間が人間たる根本前提（本質）に基づいており，それは以下の3つの次元を人間存在が有しているからである。

① 人間が「自然的存在」であると共に自然の脅威に対し，弱い（時に無力な）存在であること。ここから「生物（学）的不安」が生じてくる。例えば「病気」「自然の脅威（地震など）」，究極の不安としての「死」への直面（あるい

はひとによっては，科学では説明のつかない超自然的現象〔幽霊など〕も含み入れたいかもしれない）。しかし忘れてはならないのは，人間の内にも「内なる自然」として性衝動などが存在していることである。フロイトは，性衝動が突き上げてくるとき，自我が不安や緊張を感知すると考え，不安を「信号」として捉えた。

②人間が他者と共にしか生きていけない「社会（学）的存在」であること。人間は広狭の差はあれ，周りの人々からその存在を承認されていないと生活できないのであり，社会のルールに従う（これが内在化されたものがフロイトの言う「超自我」である）形でしか，自分の自然的欲求を満たせないのである。ここからさまざまな「社会（学）的不安」が生じてくる。

例えば「（重要な）人物から見捨てられる不安」「ひとから嫌われる不安」「ひとから嘲笑される不安」「孤立させられる不安」など，挙げたらきりがないほどである。

③人間は幸福を求めて，あるいは人生のある目標の実現を求めて努力しながらも，非合理な偶然にさらされて，それがもろくも崩れ去ってしまう事実（例えば事故などで）を背負ったまま生きざるをえない「不条理」（A. カミュ）な存在である。これまでの努力は一切「無意味」になる。このことは，人間が——他の生物と異なり——必然的に「人生の意味」を求める存在であらざるをえないが故に極限的な苦悩となる。しかし「なぜこうなったのですか」と尋ねても，誰からも——何らかの宗教に入信しているひとは，教祖の言葉や「神の与えた試練」ということで納得するかもしれないが——返答はない。人間はこのような意味のない苦しみに襲われる可能性をいつも背負った偶然にさらされた存在であり，哲学の歴史においては，所謂「実存哲学」がこの事実をテーマとしたが故に，人間を「実存的存在」と呼び，このような不安を「実存的不安」と呼ぶこととする。フロイトは——残念ながら——人間存在のこの次元を問題としなかった。精神医学者で，この「人生の無意味さ」への嘆きに対処するセラピーを打ち立てたのは（フロイトと同じく——もっともずっと年下であるが——ウィーンで医師として働いていたが，ユダヤ人である

が故に，ナチスに家族もろとも逮捕され，強制収容所の苦しみの体験の数々から，独自の「実存分析（ロゴセラピー）」を生み出した）V. フランクルである[1]。

（3）「健康範囲内（正常）の不安」と「病的な不安」

不安には誰もが体験する健康範囲内の不安と，その重篤さはさまざまであれ，医療が介入した方がよい病的な不安がある。もちろん両者の区分は限りなく曖昧だが，通常の日常生活に支障が生じるようなものであるなら，それは病的な不安と言ってよいだろう。笠原（1981年，p.15f.）は「健康範囲内の不安」と「病的不安」との区分の目印を箇条書きで対比して述べている。ここではそれを引用させて頂いて，筆者が図表の形にしてみた。

図表5-4　「健康範囲内の不安」と「病的不安」の区別の目印

〔健康範囲内の不安〕
①ふさわしい理由がある（おっかない人に出会うとか，社会的地位を失いそうだといった理由。不安の正体がはっきりしているといってもよい）。
②表現できる（人にわかるよう言葉で話せる）。
③人にわかってもらえる（相手が感情移入できる。不安がっているその人の身になって，人が追体験できる）。
④我慢（自制）できる（もちろんこれは人によって程度があろうが）。
⑤あまり長くつづかない（不安のきっかけになった出来事がまもなく消える。たとえば人間ドックに入り，ガンでないことがはっきりするといったように。出来事は去らなくとも，こちらが状況に次第に慣れる場合もあろう）。
⑥いったん消えれば，そう簡単に再現しない（ガンの疑いが消えて安心したのも束の間，すぐこんどは糖尿病を心配するといったことは，ふつうおこらない）。

〔病的不安〕
①しかるべき理由がない。
②言葉で表現するのがむずかしい。
③人にわかってもらえない。
④我慢しにくい。
⑤かなり長くつづく。少なくとも簡単に消えぬ。
⑥いったん消えても，またこないかと不安である。

（笠原，1981年，p. 15f. より）

さて，心配性のひとが病的とも言える程度にまで昂ずると，どのような「不安障害（不安神経症）」に陥ることが考えられるだろうか。加藤・保崎・三浦・大塚・浅井編『精神科ポケット辞典〔新訂版〕』（2006年）の記述を参考にして，

以下に例示してみよう。

①パニック障害（同書, p.309）

不安障害の内，明らかな誘因もなく，息切れ，動悸，胸痛，発汗，死や病気への恐怖などの激しい精神身体症状を示すパニック発作を主徴とする障害。症状の再発を恐れる予期不安を伴うことが多く，さらにそれが発展し，広場恐怖（後述）に至ることも多い。

②強迫性障害〔強迫神経症〕（p.76）

強迫観念（自分でも不合理とわかっているのに，ある観念が絶えず心を占め，考えまいとしても取り除くことができない，そのような観念）か強迫行為（自分でも不合理と思われる衝動を内に感じ，馬鹿らしい無意味だと判断しても実行しないではいられない行為。たとえば頻回の，際眼のない手洗い〔洗浄強迫〕。自己不確実感から何度も戸締り，火の元を確認する確認行為〔確認強迫〕など）の両者あるいはどちらかが見出される場合を強迫性障害と言う。

③広場恐怖（p.326）

慣れた場所を離れて公共の場，買い物，旅行などひとりになる状況への恐怖。

④全般性不安障害（p.235f.）

多数の出来事や活動についての不安・予期不安が，緊張感や易疲労性，集中困難，筋肉の緊張，睡眠障害などの症状も伴って6ヵ月以上目立っているもの。不安神経症の内パニック発作を伴わず，浮動性不安（free‐floating anxiety）が前景に立つもの。

⑤心気症（p.180）

自己の健康や微細な身体の不調に著しくこだわり，これに執拗にとらわれ，重大な疾患の徴候ではないかと恐れおびえる状態。ヒポコンドリーとも言う。

読者の中で，これらに悩まされているひとがもしいたら，ためらうことなく精神病院，総合病院の精神科・心療内科，心療クリニックあるいは大学の保健センターなどを受診することを強く勧める。

第3節 「心配性」の軽減のために

　不安は，ひとを危険から守るという点で人間に不可欠・不可避な気分である。しかし上述したような「病的」と言うほどのものではないが，「過度」の心配性は軽減された方がよい。心配性のひとは，「危険回避行動」をする，と心配性のひとの特徴のところで述べたが，いつもそればかりをしていては，せっかく得られたかもしれない素晴らしい体験を逃したり，あるいは，逆説的だが「危険回避」をしていたがために，もっとひどい危険を招いてしまうこともありうる。例えば，「水が恐い」と子どもの頃に水泳の授業を避けて（サボって）ばかりいたために大人になっても泳げないひとが，川に落ちる羽目になり（これは絶対にありえないとは言い切れない事態である），泳げるひとなら難なく泳ぎ渡れる深さや岸への距離の川だったのに，溺死してしまいうるのである。
　それ故以下では，過度の不安に対して，それを軽減するために，自分でできる対処法のあれこれを列挙（ただしすべてのひとに必ず有効であると言うものではない）してみたいと思う。
　(1)「いきなりの恐怖突入」はやめること。O. ヘネンホッファー＆K. D. ハイルと共に言えば，「不安を喚起する事態に敢えて意識的に直面しようとする……"対恐怖行動"は，不安を克服する方法としては非常に過酷で，時に危険ですらある方法」（ヘネンホッファー＆ハイル，1993年，p.72f.）である。筆者が小学校高学年のとき，まだ泳げない児童たちをプールに放り投げていた体育教師がいたが——今なら絶対「親」の抗議でできないだろうが——このやり方は，泳げるようになるどころか，へたをすれば溺れかけて一生のトラウマにもなりかねない。あくまで徐々に水に慣れさせていくことが大切である（「バンザイ突撃」は総員玉砕を招いただけである）。そしてそれによって泳げるようになった子には，心配性のひとにはなかなか得がたいもの，即ち「やった！」という達成感と自信が生まれるであろう。これは水泳だけでなく，他の事柄にも通じることである。

(2) （強い不安には無効だが）心地良い音楽や，馨しい匂いに心身共に包まれること（アロマセラピーやヒーリング・ミュージックの発想はここから生じてくる）。それらは無意識の内に，幼児期に抱っこしていたテディベアや，「ライナスの毛布」のような役割を果たし，安心した快い雰囲気を作り出す効果をもちうる。

(3) （これも強い不安には無効だが）あくまで成年以上のひとに対してだが，煙草を吸ったり，（これは年齢制限はないが）ガムなどを噛んだりして，緊張を和らげる口唇活動をすること（ものすごく緊張しているひとに「取りあえずまず水を飲め」と言って水を飲ませると，話ができるようになることがある）。これは精神分析的に言えば，発達上の「口唇期」に退行することによって，母親の乳首を加えている安心感を再体験させることである。ただし「アルコール」は避けた方がよいだろう。不安になるたびにアルコールを摂取していると（そのひとの性格にも拠るが）やがて「アルコール依存症」に陥る可能性が大である。

(4) 気の合った友人などに自分の今の不安を打ち開けること。自分の悩みを親友に話すだけで気が楽になった経験は多くのひとがしているだろう。それと同じで，今の不安な気持ちや心配事を信頼できる友人に話すだけで，不安に思っていることから距離ができ，それを客観視することができるようになる。

(5) 好きな趣味や活動に夢中になること。もちろん，大切なひとが生死の境をさまよっているといった大きな心配事の際は，とてもこのようなことをする気にはならないだろうが，心配事の内容によっては，こうやって気を紛らわすことは決していけないことではないし，「心配事に直面することから逃げている」などと自己非難する必要もない。時には肩の力を抜いてみるのも（上記のような）心配事のときでさえ自分自身のメンタルヘルスのために必要である。

(6) 不安と戦わず，そのまま受けとめること，あるいは「心配性」という自分の性格をそのまま受け入れること。先に言及した「森田療法」のエッセンスはまさにこのことだと思うのだが，しかし不安をあるがままに受けとめることはひとりではなかなか困難なことではないか，と筆者は考える。しかしたしかに，心配している自分を「ユーモア」で笑いとばす境地にまでなれたら，と思

第3節 「心配性」の軽減のために 97

うことはままあることである。「ユーモアとは，にもかかわらず笑うこと」（A. デーケン）と言われる通り，ユーモアには不安や極限状況の絶望感においてさえ，ひとに力を与えるものがある。先に名を挙げた V. フランクルは，主著である『夜と霧』（2002年）の中でこう述べている。「ユーモアとは——ほんの数秒間でも，周囲から距離をとり，状況に打ちひしがれないために，人間という存在にそなわっているなにかなのだ」(p.71)。「ユーモアへの意志，ものごとをなんとか洒落(しゃれ)のめそうとする試みは，いわばまやかしだ。だとしても，それは生きるためのまやかしだ。収容所生活は極端なことばかりなので，苦しみの大小は問題ではないということをふまえたうえで，生きるためにはこのような姿勢もありうるのだ」(p.72f.)。そして彼は収容所仲間に，昼間の強制労働の間に，各自最低1つでも笑い話を作ることを提案し，夜，収容所に戻ったとき，各自それを発表してこっそり笑い合っていたのである。

(7) とくにさし迫った課題に対して，不安や緊張を抱いているときは，リラックス運動やセルフ・リラクゼーション体操の如きものを行って，できるだけその不安や緊張を鎮めること。ひとは，不安や緊張にさらされているとき，首から肩にかけて筋肉がガチガチに硬くなっており，又，自律神経の内，交感神経の方が優位になって呼吸が速くなる。そうすると，普段うまくできることでも，できなくなってしまう。そういう時には，肩の力を抜いたり，呼吸をゆったりとさせることが重要だが，なかなかできるものではない。そのために考案されているのが，J. H. シュルツの「自律訓練法[1]」や，原野（1987年）が考案した「自己弛緩法(しかん)」（そのやり方については原野による原典を参照のこと）などがある。しかし筆者の判断では，これらの方法は，最初はインストラクターのガイドがないとうまくマスターできないし，またこれらの方法は，いずれも時間がある程度かかるステップ方式のものである。それ故，これから第一志望の会社の面接を受ける直前とか，授業でプレゼンテーションをせねばならぬ直前とかに行うには無理がある。

筆者は，学生さんを相手に授業をする前には——もう長年授業をしているので——全くと言っていいほど緊張はしないが，稀に一般の大人の人々を対象に

講演をする機会があり，そういうときはとても緊張してしまう。そこで演壇で講演をする前――あるいはその他，緊張と不安に満たされそうになったとき（例えば人間ドックで何らかの項目がひっかかって，再検査を余儀なくされ，その結果を聞くために，医師の待つ診察室に入る前など）――言わば我流で考え出した方法がある。それは，まず，頭をだらりと前に垂れ，両肩をストンと落とし，まるで自分が「軟体生物――（タコをイメージすることが多い）」になったような感じで，口から息をフーッと吐き続けるのである。途中で吐く息がなくなったら，息つぎのつもりでちょっとだけ吸い，すぐに又，フーッと吐き続けて，体がうずくまってしまうまでそうするのである。言わば「全身脱力法」とでも言うべき代物である。これを3回くらいできればくり返し（1回でもよい），軟体生物のイメージのまま，演壇へと向かうのである（そして講演中は，時々，「今肩に力が入っていないか」と反省し，もしそうなら静かに息を吐き続け，体から力を抜く）。

　くり返すが，これは筆者が勝手に考えついたものであり，誰にでも勧めるものではないし，誰にでも有効なものでもあるまい。しかしその気になったひとは，一度お試しあれ。

　以上，不安の軽減法についていくつか挙げてみた。もちろんまだその他の方法もあるだろうが[2]，所謂「ケセラセラ」つまり「なるようになる」（あるいは）「なるようにしかならん」という開き直りの境地には，人間なかなかなれるものではない。心配性のひとはとくにそうであろう。既述したように，心配性にはプラス面もあるのだから，一概に否定的になる必要も逆にないだろう。心配性の自分とほどほどのつき合いを覚えていくしかないだろう，と筆者は考える。

第6章
日本人の「状況倫理」

第1節　L. コールバーグにおける
###　　　　道徳性の認知発達論について[1]

　本章の目的は，現代日本人の倫理的道徳的判断と行動の取り方を日本的な「状況倫理」と名づけ，その諸特徴をL. コールバーグの認知発達論やC. ギリガンらの「文脈的相対主義」との比較や参照によって，より鮮明に浮き彫りにすることである。

　ハーバード大学教授であったL. コールバーグの，道徳性に関する発達理論は国際的に大きな影響を与えたが，それだけに彼は，自分の理論に対して寄せられるさまざまな論客や研究者からの批判にしっかりと対応するような形で，その理論を生涯に亘り修正し，改訂し続けた。しかし彼のベーシックな主張は不変なものであった。即ちそれは「道徳的思考（判断）に関して人類に普遍的な発達段階がある」ということである。従って彼は，道徳性に関する文化的相対主義（＝道徳原理は社会・文化によって異なっており，普遍的に受容されている規準はない，と主張）も，倫理的相対主義（文化的相対主義に立ちつつさらに，そのような文化・社会による多元性を一致にもたらす合理的な原理や方法はなく，普遍的に受容されるべき規準はない，と主張）も共に拒否する。ただし，その際誤解してはならないのは，ここで主張されているのは，ある特定の内容の道徳的規範（例えば「いかなる場合でも殺人は許されるべきではない」）の普遍性ではなく，そのような内容の相違を超えた，道徳判断（理由づけ・推論）の形式の普遍性だということである。

　このような道徳性の発達は，3つの規準に従って進むと考えられている。即

ち第1に，コールバーグは，R. M. ヘアーに依拠しつつ，道徳的な規則は，「普遍化可能性」と「指令性（規範性）」という2つの基準——如何なる内容の道徳的規則を主張するときでも，それを主張する限り不可避的な形式的基準——をもつとし，道徳性の発達段階において，より高い段階に至るほど，この2つの基準をより十分に満足させる道徳判断が可能になる，とする。

　第2に，発達心理学一般の原則に従い，コールバーグは，道徳的発達の定義に際して，「分化」（道徳的な価値や判断が，他の類の価値から徐々に分かれていくこと，換言すれば，道徳的に他律的な「である」から，自律的な「べきである」が分離していくこと）と「統合」（認知構造が，限定された特定の対象に対してのみ価値を付与する可能性を開く構造から，あらゆる対象に対するそれへと発達すること）の増大ということを提示し，ある段階で使用される概念は，前の段階で使用された概念が分化・統合されたものである，とする。

　第3に，G. H. ミードに従いつつ，「役割取得」（他者の立場に立って考える）の拡大，そして「脱中心化」（J. ピアジェ）として発達を把握すること，別の言い方をすれば，「均衡化」のプロセスを発達の過程として考えることである。つまり，ある道徳的葛藤（ジレンマ）が，自分のもつ道徳的な考えの枠組では解決できないことが認識され，不均衡が生じたとき，我々はより高い水準で葛藤を解決し均衡化するような，新しい枠組の構成を志向するのであり，道徳性は，このような均衡化のプロセスのくり返しによって発達するのである。コールバーグが道徳性のもとにもっぱらそれを考えている（いた）ところの公正（公平・justice）道徳の認知は，特殊な誰かにとってのみ正しい解決から，どのひと，どの観点から見ても公正な，より均衡化された解決へと進むのである。

　コールバーグが提出した道徳性の発達は，図表6-1に示したように，3水準6段階の形（「前慣習的水準」として，第1段階＝他律的道徳性，服従と罰〔の回避〕への志向，第2段階＝素朴な自己中心的志向あるいは道具主義的，相対主義的な道徳性の志向，「慣習的水準」として，第3段階＝対人間の規範による道徳性，特定の人間関係における協調性の志向〔よい子志向〕，第4段階＝権威〔法〕と社会秩序の維持への志向，そして「脱慣習的水準」として，第5段階＝契約的遵法的志

図表6-1 道徳判断の，発達水準と発達段階への分類

水準	道徳判断の基礎	発達段階
1	道徳的価値は人や規範にあるのでなく，外的，準物理的な出来事や悪い行為，準物理的な欲求にある。	段階1 〈服従と罰への志向〉(obedience and punishment orientation) 優越した権力や威信への自己中心的な服従，または面倒なことをさける傾向。客観的責任。 段階2 〈素朴な自己中心的志向〉(naively egoistic orientation) 自分の欲求，時には他者の欲求を道具的に満たすことが正しい行為である。行為者の欲求や視点によって価値は相対的であることに気づいている。素朴な人類平等主義 (naive egalitarianism) および交換と相互性への志向 (orientation to exchange and reciprocity)。
2	道徳的価値はよいあるいは正しい役割を遂行すること，慣習的 (conventional) な秩序や他者からの期待を維持することにある。	段階3 〈よい子志向〉(good-boy orientation) 他者から是認されることや，他者を喜ばせたり助けることへの志向。大多数がもつステレオタイプのイメージあるいは当然な (natural) 役割行動への同調。意図による判断。 段階4 〈権威と社会秩序の維持への志向〉(authority and social order maintaining orientation)「義務を果たし」，権威への尊敬を示し，既存の社会秩序をそのもの自体のために維持することへの志向。当然な報酬としてもたれる他者の期待の尊重。
3	道徳的価値は，共有された (shared) あるいは共有されうる (shareable) 規範，権利，義務に自己が従うこと (conformity) にある。	段階5 〈契約的遵法的志向〉(contractual legalistic orientation) 一致のために作られた規則や期待がもつ恣意的要素やその出発点を認識している。義務は契約，あるいは他者の意志や権利の冒瀆を全般的に避ける事，大多数の意志と幸福に関して定義される。 段階6 〈良心または原理への志向〉(conscience or principle orientation) 現実的に定められた社会的な規則だけでなく，論理的な普遍性 (logical universality) と一貫性に訴える選択の原理に志向する。方向づけをなすものとしての良心，および相互的な尊敬と信頼への志向。

(コールバーグ，1987年, p. 44より)

図表6-2 「ハインツのジレンマ」と各段階における判断の理由づけ

（問い）　1人の女性が特殊な癌のために絶命の危機に瀕していた。彼女の命を救いうる特別な薬があったが，薬屋はその開発費に比して法外な値をつけていた。彼女の夫ハインツは金策に全力を尽くしたが，半分の額しか集まらず，彼は薬屋に事情を説明して値引き，あるいは残金のあと払いを訴えた。が，自分の発見した新薬で蓄財をはかる薬屋はそれを拒んだ。思いつめたハインツは妻の命のために薬局に薬を盗みに押し入った。

　ハインツはそうすべきであったか。また，その理由は。
（回答は「賛成」か「反対」かの二者択一しかない。）

《前慣習的水準》
▶第1段階　〔理由〕
　賛成：もし妻を死なせれば，妻の親や兄弟からひどい仕打ちを受ける。
　反対：薬を盗めば，警察に捕えられ刑務所に入れられる。
▶第2段階　〔理由〕
　賛成：薬を盗んでもさほど重い刑にはならないし，妻が生きていれば何かと便利である。つまり，妻が生きているほうが得なのである。
　反対：薬を盗めば，たとえ重い刑にはならないとしても，犯罪者というレッテルによって生涯不自由な生活を送らねばならない。つまり，盗みを働くことは結局，損である。

《慣習的水準》
▶第3段階　〔理由〕
　賛成：親族や勤め先の人びと，さらには一般社会の人びとも，刑を覚悟で妻の命を救おうとした行為を称賛するであろう。
　反対：犯罪は当人が社会的不名誉を被るだけでなく，親族にまでも不名誉をもたらす。さらに，盗みというものはともかく悪であるといえる。
▶第4段階　〔理由〕
　賛成：救う手段がありながらむざむざ妻を死なせるような夫はひとでなしだ，という世間一般の通念に従う。
　反対：法律上，財産への個人の権利の侵害は悪であり，法には従うべきである。

《脱慣習的水準》
▶第5段階　〔理由〕
　賛成：もし薬を盗まず，妻を死なせるようなことがあれば，社会の人びとからの尊敬を失い，また社会的人間としての自尊心をも失うことになる。たとえ法を犯して盗みを働いたとしても，何より妻の命を重視したことを人びとは理解してくれる。
　反対：盗みを働けば，共同社会における地位と尊敬を失うことになる。たとえ妻を死なせたとしても，社会的人間として公正であったことを人びとは理解してくれる。
▶第6段階　〔理由〕
　賛成：人は何よりも，最も困難な状況にある妻の立場に立って行動を決定すべきであり，人命尊重の原則からしても，薬を盗むという以外の判断は成り立たない。重大なことは良心の判断（誰の立場に置かれても成り立つ判断）にのっとって行為することである。法の罰には従う。
　反対：成立しない。（最も不利な状況にある妻の立場に立っても受け入れられるような判断のみが正しいから，反対は成立しえない。）

（佐野・吉田編，1993年，p. 96ff. より作成（部分的に表現を改めさせて頂いた））

向〔あるいは，人間としての権利と公益への志向〕，第6段階＝良心または原理への志向〔あるいは，普遍化可能的・可逆的・指令的な普遍的倫理的原理の志向〕）をとる。

　もっともこれだけの説明ではあまりにも抽象的なので，コールバーグが用いた道徳性の発達段階を判定する例である「ハインツのジレンマ」に対し，各段階がどのように理由づけするものか，見てみよう（図表6－2[(2)]）。

　これらの諸段階は不変的な順序を呈する。即ち，段階の順序は，どの社会や文化によっても変わらず，又，段階の飛び越しや退行（後戻り）もない。ただしその発達の速さや1つの段階にとどまる長さ，生涯を通して達する段階には，個人差や文化差が生じるのである。

　他者との相互作用による認知構造の変化として定義される，この道徳的発達を促進させる要因としては以下の3つが挙示されうる。即ち役割取得の拡大の機会がおとずれること，道徳的認知的な葛藤が生じること，そして公正な道徳的環境が与えられること[(3)]，である。

第2節　C. ギリガンによるコールバーグ批判

1．「ケア（配慮）と責任の道徳」

　以上のようなコールバーグの道徳性の発達論に対し，とくにその一面性に関して鋭い批判を投げかけたのが，ギリガンである。その主張は「ケアと責任の道徳（morality of care and responsibility）」として提出された。彼女がまず着目したのは，道徳性の捉え方の性差であった。

　ギリガンによると，コールバーグが展開する「公正の道徳」の発達段階は男性に基づいて提出されたものであり，女性は男性とは別の発達プロセス，即ち「ケアと責任の道徳」のそれを辿る。ここで言うケアと責任とは，自己を世界との関係において，あるいは他者との相互依存関係において理解しつつ，他者（最終的には自己と他者の双方）を思いやり傷つけないことを目ざすあり方として捉えられる[(1)]。男性においては，諸個人の欲求や権利をめぐるコンフリクト

に関し,「何が正しいか」という公正の原理に従ってその解決が目指され,従ってその道徳性の発達は,平等の論理の発達と関わりをもつのに対し,女性は,公正の認知よりもむしろ他者への共感や同情に基づいて,道徳問題を権利や規則の問題としてではなく,人間関係におけるケアと責任（応答性）の問題と捉えるのであり,従ってその道徳性の発達は,彼女らの人間関係と,そこにおける責任の考え方の発達・変化と関わりをもつのである。

そしてここで重要なことは[2],他者との関係性を,公正の視点の下に平等というタームにおいて組織化することと,ケアの視点の下に愛着（attachment）というタームにおいて組織化することは,道徳的行為者としての自己を異なった形でイメージすることに導くことである。ギリガンによると「公正の視点からは,道徳的行為者としての自己は,社会的諸関係という『地』を背景として『図』として立ち,自己と他者の葛藤を『平等性』の基準を背景にして判断する。ケアの視点からは,関係が『図』となり,自己と他者を規定する」(Gilligan, 1995, p.34f.)のであり,男性は世界から離れた者として自己理解し,能動的―主体的な自立した個人となることを志向するのに対し,女性は,自己を世界,他者との相互依存,ネットワークにおいて理解し,他者との関係づけ,つながりを志向するのである（「公正の道徳性」と「ケアと責任の道徳性」との相違・比較として,図表6-3を参照のこと）。

ギリガンによるコールバーグ批判の動機は,彼が立脚する,権利に重きを置く道徳が,人と人との結びつきよりも分離を,あるいは人間関係よりも個人を第一義的なものとして強調するが故に,ケアのあらゆる道徳判断を,その段階図式に従って「よい子志向」としての慣習的な第3段階に位置づけざるをえなくなることにあった。コールバーグにとっての発達のイメージは,個人が自他を分離し,独立した自律的で個別的な人格に至ることであり,その判断においては,ますます抽象的形式的に,つまり具体的状況性を捨象する形に洗練されていく。ギリガンは言わばこのような発達観の一面性を補う形において,ケア的な発達段階を提示するのであり,そこにおいては人間を相互依存的なつながり,あるいは調和において捉えんとする視点が,性差による,世界（他者）と

図表6-3　2つの道徳性 (Lyons, 1983 ; 1987)

	公正の道徳性	ケアと責任の道徳性
自己の捉え方	他者から分離，自律したもの	他者と相互依存の関係にある
他者の見方	平等と相互性において（自分が見られているように）見る（状況から離れて客観的に見る）	文脈のなかの他者を見る（状況に入って見る）
道徳的問題の構成化の仕方	自分と他者（社会）の相対立する欲求の解決として構成	他者との関係や他者にどう対するかの問題として構成
解決の仕方	1）役割と関連した義務やコミットメントに合致し，2）相互性―公正さを含む規範や原則に従う解決	1）関係やつながりを維持し，2）他者の幸福を促進し苦しみや傷を和らげる解決
評価の仕方	1）決定がどのようになされ正当化されているか　2）価値，原則，規範が維持されたかを考慮	1）結果がどうなったか　2）関係が維持されたかを考慮

(山岸，1992年，p.150より作成（一部表現を改めさせて頂いた））

図表6-4　「ケアと責任の道徳性」の発達段階

レベル1	個人的生存への志向（自分の生存のために自分自身に配慮する）
移行期1	利己主義から責任性へ（自己の欲求と，他者とのつながり―責任への志向との葛藤が現われる）
レベル2	自己犠牲としての善良さ（ステレオタイプの女性的な善良さで世界を構成化し，自己犠牲によって葛藤を解決する）
移行期2	善良さから真実へ（他者に対してと同様自己に対しても責任を担うようになり，自分がもっている現実の欲求に正直に直面する）
レベル3	非暴力の道徳性（配慮と責任は自己と他者の両者に向けられ，傷つけないことが道徳的選択の普遍的なガイドとなる）

(同上)

の関わりにおいての自己の位置づけ方，自己理解の仕方の相違に基づいて提示されているわけである。

　ギリガンの「ケアと責任の道徳」の発達段階は，図表6-4に示したように，2つの移行期をはさんで，レベル1からレベル3までの3段階の形で定式化されている。

　このような，ギリガンからの異議申し立てに対して，コールバーグは，従来

の自らの設定では、愛他心やケア、愛による苦しみへの応答性（責任性）といった側面が十分に扱われていなかったことを認め、道徳的な問題に対する捉え方にはギリガンの言う2つの志向性があることを承認した（ただしその際、彼は、経験的研究の成果に従って次のような留保を行った。即ち、この2つの志向は必ずしも性とは関連していないこと、むしろ両者は、解決すべきコンフリクトの状況や性質によって規定されるのであり、個人的領域に関してはケアの道徳、相反する欲求や権利主張の解決に対しては公正の道徳が用いられる傾向があること[3]、である）。彼はそれによって、道徳性の領域が拡大されることを認めるが、しかし独立した別個の2つの道徳性が存在することは——それが彼の拒否する倫理的相対主義に帰着する以上——あくまで否定する。公正の道徳とケアの道徳は、オールタナティヴなものではなく、ケアという責務は、公正という一般的義務を必要条件とするものであり、公正の感覚を補完し深めるという補償的な形で捉えられるべきだ、という考えにあくまで固執するのである。

2．「文脈的相対主義」

ところで、ギリガンによるコールバーグ批判は、「ケアと責任の道徳」の提示だけにとどまらない。それは、コールバーグが依拠する「倫理的普遍主義」に対する「文脈的相対主義」の主張へとつながっていく。

従来（1960年代頃まで）、道徳性の発達心理学の分野では、道徳性（道徳判断）は、青年期から成人期初期において完成し、その後は安定化が進むのみだ、と広く考えられていた。しかしその後、成人期以降における、より高次の道徳的発達の存在が着目され、論議の対象とされるようになった。そしてこのことには、何よりもコールバーグが、成人期以降に関して道徳発達のあり方を拡大・深化させて練り直していったことの影響が大きい。

コールバーグの初期の調査において、第4段階（慣習的水準）から第5段階（脱慣習的水準）への発達に際して、一時的に前慣習的第2段階（素朴な自己中心的志向）への「退行」が生じることが発見された。そしてこの現象は、その後の評定法の改定に従って、「退行」ではなく、移行の際の「過渡的」現象と

判定され,「4½段階」と規定された。即ち,青年期におけるアイデンティティーの危機によって,一時的な倫理的懐疑主義(相対主義)に陥ることからこの現象が生じるのであり,自分が所属(あるいは準拠)する既成の集団の権威への信頼がぐらつき,その期待や要求に従った行為の遂行ができなくなる反面,未だ新しい自律性の原理に従った行為もできないことから,この懐疑的心理状態に陥ると考えられたのである。しかし,この過渡的段階は,道徳判断の新しい様式を何ら提示していない以上,それ自体は決して(正式な)道徳段階とは認定されえないものである。

このようなコールバーグの解釈に対して異論を唱えたのが,他ならぬギリガン(とJ. M. マーフィー)である。彼女らに拠ると,コールバーグ(派)が青年期におけるこの現象を「過渡的」出来事として把握するのは一面的なのであり,そのことは,彼(ら)がその本質において相違する2つの倫理的相対主義を区別していないことに由来する。即ち一方では「道徳的問題の解決に対するただ1つの正しい答えは何ら存在しない」といった(たしかにコールバーグらが「4½段階」として規定されるような)倫理的懐疑主義が存在するが,しかし他方で「道徳的問題に対する,文脈(状況)から自由な,普遍的原理による客観的に正しい解決はない」とする立場,別の言い方をすれば,道徳上の諸問題はさまざまな文脈に挟み込まれていることを認識し,それらの解決は具体的諸条件に依存していることを看取する立場が存在するのである。後者の立場は(現実世界に具体的にコミットすることなく,形式的論理的体系から相対主義の問題を解決しようとするコールバーグ的な脱慣習的思考と異なり)具体的現実世界(他者)にコミットし,その複雑かつ曖昧な状況(文脈)において,自らの責任の観点から選択(決断)を下すのであり,自らのその道徳的判断が——言わば「状況に合わせて作曲しながら演奏する即興曲」(G. ベイトソン)として——文脈に依存した相対的な性質のものであることを認知している。そのようなものとしてそれは,「文脈的相対主義(contextual relativism)」と呼ばれうる思考である(Gilligan & Murphy, 1979)。

文脈的相対主義は,たしかに現実の諸状況の解釈の仕方の多様性と不確実性

を実感している点で相対主義的であるが，しかし，それが責任や義務といった道徳的観点に立脚する点で，責任性なき多元論としての「4 ½段階」的思考とは異なる。ところが，ギリガンらに拠ると，コールバーグらはこの点を看過しているので，それを「過渡的一時的段階」としか位置づけられなくなってしまったのである。

　さらにここから彼女らは，公正原理に基づいた脱慣習的理由づけに対して，道徳発達のオールタナティヴなあり方を提示しようと目論む。それは公正指向に対する「責任指向」における発達段階として，実生活における道徳的理由づけ，道徳判断に基づいて成立してくる。即ち「実生活の文脈における道徳的理由づけは，ただ単に形式論理にのみ由来するもの以外の認知構造に依拠している」(ibid., p.91) のであり，成熟した成人期の道徳的思考は，「仮説的ジレンマ」ではなく「現実のジレンマ」に直面した際の，普遍的原理の妥当性を疑問視する経験，そして，にもかかわらず単なる判断（judgement）ではなく決断（decision）・選択的行為をせねばならぬ不可避性と，それに伴う責任性の経験によって特徴づけられるのである。

　そのような成熟した思考段階への発達に向けての経験的基礎は，従って，状況的なアスペクトとその相対性を考慮した上での，人生における選択と責任の経験にあるわけだが，「公正アプローチは，人生の選択から出てくる責任と義務に適切に言及しない」(ibid., p.96)。たしかに，公正指向の形式論理と原理は，青年期の道徳判断を慣習的水準の枠組から解放し，向上させるが，成人期において生じるさまざまな人生上の選択とコミットメントの体験が生み出す義務と責任の実感は，形式的正当化ではない，道徳的理解のあり方の再構成を迫る。そしてさらにこの再構成こそが，文脈的相対主義に対して，コールバーグ的な脱慣習的思考へのオールタナティヴな位置価を与えるための土台となるわけである。

　ところで，この文脈的相対主義は，すでに述べたギリガンの「ケアと責任の道徳」との深い関連において——もっとも女性に限定されない様式として——提出されたものである。そこで述べたように，「ケアと責任の道徳」は，世界

（他者）との関わりの中での具体的状況性を指向するものである。そこにおいては、N. ノディングスが言うように（Noddings, 1986）「ケアするひとの諸行為は、規則に縛られたものであるよりは、むしろ変化していくもの」(p.24)であり、ケアのプロセスは「抽象化の反対物である、具体化のプロセス」(p.36)である。そして又両者は、他者に対するケア的責任——それは成人期の発達に対するE. H. エリクソンの考え（Erikson, 1964, p.109ff. 及び 1985, p.83ff.）と近似した「慈愛的・生成継承的（generative）倫理[4]」に基づく——という責任性の観点を共有しているのである。

（補論）「実存的状況倫理」について

G. シュピールトヘンナーは、ギリガンとマーフィーの文脈的相対主義を（コールバーグ的公正道徳に対する）「脱慣習的な道徳発達についてのオールタナティヴな考え方」としてドイツ語圏の読者に紹介し、その際「大人の成熟した思考への移行は、形式的なものから実存的なものへの一歩を呈示している」(Spielthenner, 1996, S.109) と述べているが、たしかに我々は、文脈的相対主義同様、己の実践的状況における決断とそれに伴う責任を強調した思想潮流として、20世紀前半から中頃にかけて西欧や日本において隆盛を見た、かつての実存的状況倫理を挙げることができるだろう。「状況倫理」(situation ethics, contextual ethics) は、狭義には、主として J. フレッチャーや H. R. ニーバーらに代表されるアメリカのプロテスタント神学者たちが提唱した倫理的生き方を指し、それはわが国には、小原（1971年及び1974年）によって紹介されたが、小原もその著作で述べているように、彼らの思想は、M. ハイデガー、K. ヤスパース、J.-P. サルトルらの実存主義（実存哲学）の強い影響下にあるのであり、ここでは広く実存思想的—状況倫理的考え方を、「実存的状況倫理」と呼びたい（吉澤、1973年、を参照）。

実存的状況倫理は、F. W. ニーチェ的なラディカルな懐疑主義・ニヒリズムを経験することにより、それ以前の倫理学的企てに対し、ある種の訣別的態度を取らざるをえなかった。即ち、行動原理ないし規範の超歴史的—普遍妥当的

な基礎づけが放棄されるのであり，それ故そこには，歴史を貫通する普遍的理念を固持せんとする「理念倫理」（例えばカトリック神学やカント倫理学）からの一定の背向があるのである。そしてその代わりに実存的状況倫理において前面に出されるのが歴史的状況性であり，それ故に又重要なことは，善（ないし正義）の内容規定の状況依存性なのである。

所与としての状況において，あるいはより先鋭化して言えば，現実的諸条件として己を制約しつつ切迫してくる「いま，ここ」において，如何に行為すべきかという，主体にとっての切実な問いとして倫理的諸問題を把握する立場が状況倫理に他ならない。それは，道徳的善をそれぞれの主体の状況に即して，その状況において最善と判断される行為において問題とするのであり，倫理的価値への問いに，他者との関わりを考慮しつつ状況への主体的な関与と決断において答えていくのである。例えばサルトルが問いかけたように（サルトル，1977年，p.32）「（第2次大戦下という状況で）ひとりきりの母を扶助するべきか，それとも自由フランス軍に参加すべきか」を我々は，己を賭けて決断せねばならないのである。実存的状況倫理とは，このような主体的な関与と決断において同時に真の自己が実現されると考える立場であり，ここにおいて主体は，自らの「いま，ここ」において己の実存（真の自己）を実現すべく訴えかけられるのである。

このように取り纏めてみると，実存的状況倫理と文脈的相対主義は，その基本的主張において極めて近似していることが看て取れよう。即ち両者は，第1に，規範的不確実性と相対性の認知に基づいた文脈的―状況的依存性を提唱し，そこに定位する点で，第2に，単なる思弁的次元での仮説的ジレンマではなく，実生活における決断と実践的行為，そしてそれに伴う責任に強調点を置く点で一致していると言える。

しかしながらより詳しく見てみるならば，両者が極めて異なったエートス，人間（自己）観に立脚したものであることは明らかであり，それは何よりも，文脈的相対主義が（実存哲学も含めた）近代的人間観——それはあくまで個別主体的な自律的自己（autonomous Self）を重んじる——に対するパラダイム・

シフトの企てであるケアの道徳との深い関連の下にあることに見出される。即ち，(すでに述べたように) 公正 (正義) の道徳 (男性中心の道徳) が世界から離れた者として自己を捉え，能動的・主体的な自立 (independent) した個人となることを志向する――この点では，実存的状況倫理もコールバーグ的道徳も同一である――のに対し，ケアの道徳は，自己を世界，他者との相互依存 (interdependent)，ネットワークにおいて理解し――つまり関係的自己 (relational Self) として――他者との関係づけ，つながりを志向する。ノディングスが言うように「他者に対するケアが倫理的な自己への関心から生じるのではなく，他者に対するケアから倫理的な自己への関心が生じる」(Noddings, *op. cit.*, p.50) のであり「本来，私は関係の中にいるのであり……私の個性は，一連の関係の中で規定される」(*ibid.*, p.51) のである。

たしかに，実存的状況倫理において他者への思いやり，あるいは連帯の可能性が看過されていたわけでは決してない (小原，1974年，p.87及び p.200参照) が[5]，しかし一般的に言って，そこにおいては「責任」はあくまで近代の自己責任概念，つまり各自は己が関与している行為に対して (のみ)，あるいは所与の状況における己の良心決断に対して (のみ) 責任を負うという，個別主体的な自己責任なのであり，またそれにとどまるのである。従ってその責任概念は，文脈的相対主義が目論む「責任」指向――つまり他者をケアし，他者に応答する (response) こと――とは異なるのであって，この事情は又，コールバーグに関しても当てはまるのである。

第3節　日本人の「自我」のあり方と「状況倫理」

1．日本人の自我

以上2節にわたって，コールバーグ，ギリガンそして実存的状況倫理の基本的主張を見てきたが，ここからは本章の目的である日本人独特の「状況倫理」の特徴を，これらとの比較を試みつつ明らかにしたい。そしてそのための前提作業としてまず，日本人の自我のあり方を (さし当たりユング派の河合隼雄の主

張に沿って）描出することとする。

　河合は，「自我」をユングに従って「意識の統合の中心」（河合，1976年，p.140）と規定するが，父性原理が優位している西洋においては，自我は（第3章第1節で述べたように）内面的な「母親殺し」「父親殺し」を遂行する，男性の英雄像によって——男女を問わず——象徴的に示されるのに対して，母性原理が優勢なわが国においては——同じく男女を問わず——女性像が自我を示すものとなる。ただし（第2章第1節で述べたように）母性原理と父性原理が相対的な事柄であったことを受けて，この，自我の男性／女性像の区別も相対的に受けとめられるべきである。即ち「（日本人は）相当に近代化されているので」（河合，1989年，p.36）「東洋と西洋の中間地帯，あるいはその接点として，その意識構造も多分に両者の中間的性格をもっている……。他の東洋人に比べると，日本人は相当はっきりとした自我を確立させているといえるし，西洋人と比較すると，太母的な態度が一般に強い」（同，1967年，p.293）のである。いずれにせよ河合が試みているのは，西洋（近代）人の自我に対する捉え方を文化的に相対化することなのであり，それとは対比的に日本（東洋）人の自我を把握しようとすることである。そのような企てをすることなく，西洋的な自我を唯一の自我のあり方と考える限り，たしかに日本人の自我は「自我不確実感」（南，1983年，p.65）に満ちたものになるか，「低い成熟段階にとどまっているもの」（河合，1982年，p.38）としか考えられなくなってしまうのである。

　話を戻せば，男性の英雄像で示されるような西洋人の自我は，それを中心にしつつ，それ自体1つの統合性を有した意識構造をもつのに対して，日本人の自我は，無意識との截然たる境界をもたず，そして又，自分と他者との明確な区分ももつことなく，曖昧模糊たる全体的連関——この，意識と無意識とを合わせたこころの全体，あるいはその全体の中心を，ユング（派）では「自己（Self）」と呼ぶことを想起してほしいが——の中に存在しているのであり，河合はこの相違を，例えば図表6-5のように図示している。

　父性／母性原理のもつ機能とのつながりで言えば，前者がものごとを切断し分割する働きをもつことから，西洋人の自我が——母（父）親殺しが，自分を

第3節　日本人の「自我」のあり方と「状況倫理」　113

図表6-5　河合による，東洋人（日本人）と西洋人の「こころ」の構造の相違

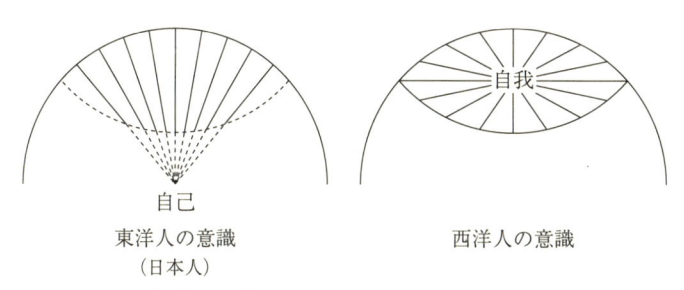

東洋人の意識（日本人）　　自己

西洋人の意識　　自我

(河合, 1967年, p.277。なお,「日本人」という表記は筆者が加えた)

取り巻くものから己を切り離すことを象徴しているように——自分を他者から切り離した自立的存在として理解しているのに対して，日本人の自我は——母性原理がすべてを包含し区別しない機能をもつように——他者に対して開かれており，常に自—他の相互的連関の中で己を理解している。そういう意味でそれは又，己を取り巻く状況の変化に応じて可変的である自我である。このような西洋人と日本人の自我のあり方の相違は，対人関係のあり方にヴィヴィッドに表現され，前者が，まず自我を確立し，そうした後に新たに他者との間に関係を築くのに対して，後者においては，自—他分離以前のつながりが，個別自我の確立に先行するのであり，このつながりは，無意識的な一体感を形成している。さらに河合に拠ると，このような西洋的自我と日本的自我のあり方の相違の背後には，「三位一体の神と絶対無の神の相違という深い問題が存在している」(河合, 1982年, p.277) のであり，この考えは，仏教に接近した晩年の河合においてさらに表現を特殊化させ先鋭化させた。即ち，「全体との関連性」の中にある日本人の自我は，その「独立性，統合性を主張する前に，縁起的世界のなかに生きている」(同, 1995年A, p.152) のであり，自—他のつながりとは「深い『空』の世界の共有」(同書, p.161) を意味しているのである。

　このように河合は，深層心理学（ユング派）の立場から，西洋人と日本（東洋）人の自我構造を文化的に相対化しつつ把握していくのであるが，このことは一方で，一元論的な西欧中心的自我発達観を排すると共に，他方では，だか

らと言って日本的自我の賞揚に向かう意図をもつことも意味してはいない。即ち、「日本人の自我が西洋のそれに対して、『発達の遅れた』ものであるのではなく、別個の種類のものであり、互いに一長一短で、善悪の判断は容易に下し得ない」（同、1995年B、p.26）のである。

（補論）　その他の日本人の自我（自己）論

　以上のように述べてきたユング派の深層心理学（分析心理学）に依拠する河合以外にも、他の学問的分野の立場からも、西洋人と相違する日本人（東洋人）の自我（あるいは自己）のあり方を主張する人々がいる。そしてそれらは、異なった視座からではあれ、共通した特徴を浮き彫りにしてくれている感がある。それらのうち、主だったものを提示してみよう。

（a）　浜口恵俊の「間人（かんじん）」論

　社会学者の浜口（1988年〔1977年〕）は、自我論に関してはっきりと「文化相対主義」（p.81）の立場をとり、欧米起源の社会科学における「方法論的個人主義に基づいたダイアド[1]—モデル」（同、1982年、p.7）によっては、自律的な行為主体としての「個人」を分析の拠点とするため、それとは異なったあり方をしている日本（東洋）人がうまく把握されえないと言う。そして西洋の「個人モデル」に対して、東洋の「間人（the contexual）モデル」を対峙させる。「個人モデル」では、自らを「自我」として意識し、自己依拠的にふるまう唯我的主体としての個人が分析単位となるのに対し、「間人モデル」においては、「間人」のもとでの「自分」（浜口は「自我」に対して「自分」を対置する）は、自らを対人連関の中に位置づけて、自他相即的な自意識をもつ。そのようなものとして日本（東洋）人は、既知の人との有機的な相互期待の関係を良好に保とうとする、言わば「間柄」的な主体である。さらに「個人」と「間人」を、己をどのように客体視するかに応じて分化すると、「個人」は、自己を対象化するに当たり、そのレファラントを自主体だけに限定し、客体（対象）としての「自我」を構成するが故に「単独的主体（individual subject）」であり、それに対して、「間人」は、自主体を他者との関わりまで視野に入れた上で他者関

与的な自分を措定するが故に「関与的主体（referential subject）」である，とされる。「単独的主体」は，他者との何らかの関係を築く以前に，自己に固有な行動主体性を確立していなくてはならない。「関与的主体」の行為者的な表出形態としての「間人」は，「間柄」を分有し，体現した存在であり「間柄」における主体システムである。なお，浜口のこのような主張は，彼自身が認めるように（浜口，1988年〔1977年〕，p.71及びp.324以降参照），わが国の現象学的精神病理学（人間学派精神医学）の代表的人物である木村敏（1972年）の現象学的考察に負うているところが大きい。即ち木村によると，「日本人にあっては，自己は自己自身の存立の根拠を自分自身の内部に持ってはいない」(p.75)のであり，「個人が個人としてアイデンティファイされる前に，まず人間関係がある」(p.142)のである（さらに言えば，木村のこのような考察の背後にあるのは，西田幾多郎や和辻哲郎という，わが国を代表する哲学（倫理学）者の思想である）。

（b）　H. マーカス＆S. 北山における「独立的自己」と「相互依存的自己」

社会心理学の視点からマーカスと北山は，自己のあり方に文化差があると論じ，それを「独立的自己（independent construal of the self）」と「相互依存的自己（interdependent construal of the self）」として定式化した（1991年）[2]。

前者は，欧米文化に多く見られる考え方であり，社会的状況から分離・個体化している自己として定義される。独立的自己は，自・他の境界が明確であり，統合的安定的な構造をもつ。これに対して後者，つまり相互依存的自己は，日本を含むアジア文化や非西洋文化に多く見られる考え方であり，人間相互の基本的つながりを重視し，他者との調和において自らを捉える自己，別の言い方をすれば，他者から明確に分離されておらず，その境界の中に他者が入っている自己として定義される（例えば，日本などでは，相手に応じて自分の呼び方〔同時に相手の呼び方〕を変えることにそれが表われている）。相互依存的自己は，柔軟で可変的な構造をもつ。また，独立的自己にとって大切なのは，ユニークであること，自分を主張（表現）すること，自分の目標を達成することなどであるが，相互依存的自己にとって大切なのは，他者と調和し，集団における己の立場をわきまえ，それにふさわしい，他者から期待された行動をとる

ことである。そのためには他者が考えていることや感じていることを察し，それを満足させる能力が求められるし，又，その能力が高いことが他者からの評価につながるのである。従って，独立的自己にとって他者は，己をそれと比較する対象として意味をもつことになり，その他者との比較においていかに自分を主張し，能力・個性を発揮できるか，が自己評価の基準になるが，相互依存的自己にとって他者はまさに自己定義（アイデンティティー）自体のために必要であり，他者とのつながりにおいて，いかに適応し，自らを抑制し，社会的状況において調和を保てるかが，自己評価の基準になるのである。マーカスと北山は，両者の相違を図表6‐6のように示している。

図表6‐6　相互独立的自己観のモデル（上）と相互依存的自己観のモデル（下）

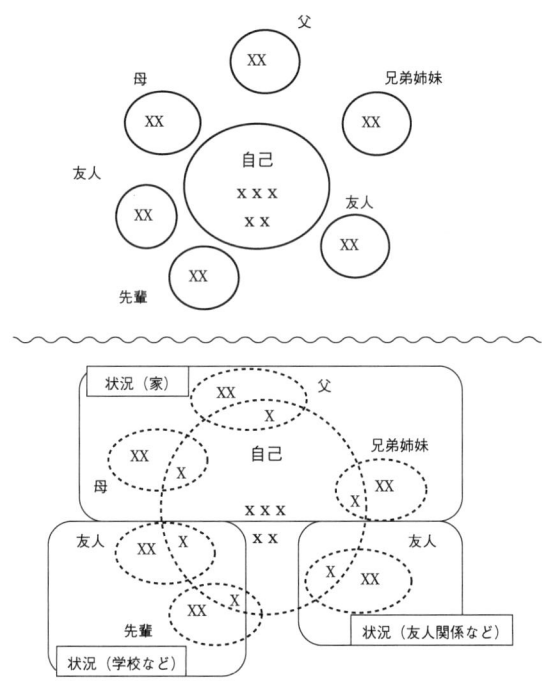

（内田，2006年，p.206，Markus & Kitayama，1991を改変）

（c）鑪幹八郎の「アモルファス自我」論

　エリクソンのアイデンティティー論の研究で知られる，フロイト派精神分析の臨床家である鑪は，西洋人の自我構造と日本人のそれとを対比し，前者を「中核自我構造（Core Ego Structure）」，後者を「アモルファス自我構造（Amorphous Ego Sturucture）」と名づけている（鑪，2007年，p.1ff.及び1996年，p.25ff.参照）。「アモルファス」とは「曖昧さ」や「漠然としていること」を意味し，そのひとの基本的な思想や信条といったものが，ある程度曖昧模糊とした状態にあり，流動的で変容しやすいことを主特徴とする。西洋的な自我発達の基本は，恒常的な中核自我の形成であり，個人が個人として自律・自立することである。そこでは，自らの基本的価値観や，自己とは何であるか，についての確信，つまりアイデンティティーの確立が問われるべき課題となる。これに対し，アモルファス自我の特徴は，中核自我が曖昧なことであり，その理由は，外界（世間）の価値や意見に合わせるためには，自我の抵抗を少なくし，曖昧な状態を維持せねばならないことにある。その代わりにアモルファス自我において発達するのは「皮膚自我（skin Ego）」である。これは，他人の思惑の「ホンネ」と「タテマエ」を即座に判断し，反応していく，対人関係の敏感性を司る器官であり，それはアモルファス自我の表層にしっかりと張りつくように形成されていく。皮膚自我によって日本人は，対人関係に対して敏感に反応し，「世間」の行動パターンから外れないように行動する。逆に言えば，日本人は，この皮膚自我に多大のエネルギーを注入するため，中核自我の確固たる形成や組織化はなく，曖昧模糊のままとなるのであり，むしろこのような「曖昧さ」こそ，わが国では適応的に生きていくために要請され，逆に己だけの強固な信念や価値観に立脚することは，社会的な不適応状態に陥りうるのである。イメージ的に述べるならば，アモルファス自我構造の特徴は，「相手に合わせる」「共感する」「包みこむ」「場の空気を読む」（それらがうまく行かないと，「我を張る」「意地になる」といった態度になる）といったことに表われ，中核自我構造の特徴は，「（相手を）自分に合わせようとする」「議論する」「突き崩す」「自己を主張する」「周囲の思惑を気にしない」（それらがうまく行かな

いと,「妥協する」「修正する」といった態度になる)といったことに表われる。そしてこの「2つの『自我構造』の統合ということは,それぞれの文化を支える生活の背景があるので,足して2で割るというようなことは実際には困難」(同,2007年,p.10)なのである。鑪は両自我構造の相違を図表6-7のように表わしている。

図表6-7　鑪による,「アモルファス自我構造」と「中核自我構造」の対比

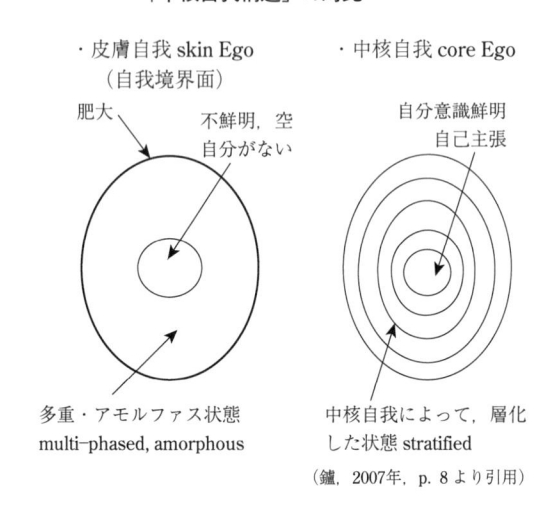

・皮膚自我 skin Ego
（自我境界面）
肥大
不鮮明，空
自分がない
多重・アモルファス状態
multi-phased, amorphous

・中核自我 core Ego
自分意識鮮明
自己主張
中核自我によって,層化した状態 stratified

（鑪,2007年，p.8より引用）

2.「日本的状況倫理」

　さて,以上のように見てきた日本人の自我のあり方を踏まえて,次に日本人の状況倫理性について述べていきたい。

　(1)　道徳性に関する発達心理学の立場から山岸は,その研究調査に基づいて,日本人は（男女を問わず――ただし全体としては女子の方が多く）コールバーグ的な道徳性の発達段階では,第3段階（図表6-1,6-2参照）に判定される者が多く,又,他の段階にも第3段階的な対人関係の価値が関与していることを報告し,そして「日本において第3段階が多いことをコールバーグ流に解釈すれば,日本の文化,対人関係の型は,第3段階に対応する役割取得の機会……を多く含み,第3段階への移行を促進し,また第4段階への移行をスムー

ズにさせないような社会的相互作用を提供しているためだ」(山岸, 1985年, p. 261) と結論づけている。

たしかに, 第2章第1節で述べたような日本的な「場の倫理」——一度形成された場をできる限り維持し, 「察し」のよい関係によって「ウチ」と感じる者たちとのバランスを保っていくことを第一義とする倫理観——に従った個人の道徳判断は, 特定の既成の慣習的な秩序を維持し, 他者からの期待に沿うことをそれ自体価値のあることとみなし, 大多数の者(=世間)がもつステレオタイプの「よい」イメージに同調する(よい子志向)他律的な第3段階と重なるところが多いであろうし[3], そして又, 中根が指摘するように「日本人は, 法規則にてらして行動するなどということはなく, まわりの人々にてらして, あるいはあわせて行動することに慣習づけられている」(中根, 1978年, p.158)限り, 「慣習的水準」の中でも, 第4段階への移行は難しいであろう。

しかし, 既述したギリガンによるコールバーグ的道徳理解(あるいは自我理解)に対する異議申し立ては, 日本人の立場からも可能であろう。己を他者との依存関係の中で理解し, 「個人ではなく関係の中での道徳」(石川, 1990年, p.65)に従う日本人の自己—世界理解の様式と「場の倫理」に基づいた道徳判断の仕方は, ギリガンが提示した欧米の女性のそれらに類似したものとも言え, 自立的—自律的自我の形成を発達として評価するコールバーグ理論の枠組では慣習的水準と裁定されてしまうものの, それとは異なった他の道徳発達の可能性があることをギリガンに倣って主張していけるだろう。いやむしろ, 河合らが展開する深層心理学的日本人論が提示する日本人の自我のあり方の分析は, ギリガンに始まり, それに触発された近年の欧米のフェミニズム倫理学の主張にむしろ先んじており, それに豊かな示唆を与えうるものとさえ言いうる(この点で, ギリガンが女性のケア的あり方を説明するのに, 日本の円地文子の小説を引用しているのは印象的である〔Gilligan, 1995, p.44f.〕)。

河合は, エリクソンの(男性的な)発達図式に別れを告げつつ常に他者とつながったまま成長していくという形で女性の成熟を理解し始めているアメリカの女性たちの前での, 日本的自我についての彼の講演が, 非常に興味をもたれ

たことを報告しつつ，次のように述べている，「ここで興味深いことは，西洋においては男女を問わず『男性の意識』を志向していたなかで，一部の女性がまず『女性の意識』の存在と重要性を指摘し，それを『新しい女性』の生き方として提唱しつつあるのだが，日本においては，もともと，男女を問わず『女性の意識』を志向してきたという事実である」(河合, 1995年 B, p.29f.)。

　だが——同時に河合も「女性といえども西洋では今までの伝統があるので，その『女性の意識』の主張に男性的な感じがつきまとう」(同上)と指摘しているように——日本的な「場の倫理」に基づく道徳と，ギリガンの言う「ケアと責任の道徳」を直ちに同一視することはできないだろう。ギリガンにおける発達概念があくまで「自他が分化し，自他の相互依存性が理解されるようになること」(山岸, 1987年, p.198〔傍点は筆者が付加〕) という方向性で考えられているのに対し，日本の文化は自他の未分化な一体感をむしろ是認するからである。そして又，日本的な「察し」「思いやり」は必ずしもギリガンの言う「ケア」と同じではない。なぜなら，竹内らが指摘するように (竹内, 1995年, p.33, 及び中山, 1989年, p.84)，日本的な思いやり・察しは，あくまで自分本位の姿勢から出てきたものとも言え，自分の利益の追求，利己的目標の達成の手段として理解することも可能なものであるからであり，積極的に他者の苦しみに「応答 (response)」するという「責任性 (responsibility)」の倫理的パトスが感じられないからである。

　日本人が賞賛する自己犠牲的な行動も，結局は情緒的な訴えによって相手を支配し動かすための利己主義的動機に発したものとも解釈され，その意味ではそれはギリガン的発達段階 (図表 6-4) の評定に従えば，一見「レベル 2」と見えつつも「レベル 1」にとどまるものである。そして「場の倫理観によるときは，場の外の人に対しては何も責任を感じなくなる」(河合, 1976年, p.61) と指摘されるように，日本人の責任意識は，場のウチに限定されたものであり，他者との対人的ネットワークに関しても「小集団の機能がたいへん高く，タテ関係が優先されている日本人にとっては，ネットワークの機能ならびに範囲はきわめて限定されている」(中根, 1978年, p.54) のであって，無限定な広がりを

もちうるものではないのである。

　ところで，このような日本的な「場の倫理」は，善悪についての明確なる規範に基づく道徳的判断・解決よりも，全体のバランス状態の中へのコンフリクトの吸収を重要視することをその特徴とするが，このような「場の倫理」は，各人の思考と行動における具体的運用の次元では，一種の相対的な状況倫理として働くこととなる。そしてこのことは（上で述べたような）日本人の自我構造のあり方——己を取り巻く状況の変化に応じて可変的である自我——からも帰結することと言える。再び中根から引用すれば，集団の生命が「『その主義（思想）に個人が忠実である』ことではなく，むしろお互いの人間関係自体にある……日本人の価値観の根底には，絶対を設定する思考……といったものが存在」せず「その代わりに直接的，感情的人間関係を前提とする相対的原理が強く存在している。」(中根，1990年〔1967年〕，p.172f.〔傍点は原文のまま〕)

　さらに磯部は（「民族的な集団的無意識」というユング的タームを用いつつ）原始神道にまで遡って，日本人の善悪に関する相対性を指摘している。即ち——「顕の世界」（＝父性）ではなく——日本民族の生命の根源である母性的な「幽の世界」に基礎をもつ原始神道においては，生命を産み守ること（あえて言えばこのことが善であり，それに反することが悪と言えるが）だけが使命であり，善悪正邪や真偽等の価値基準となる原理はないのである（磯部，1997年，p.55及びp.140参照）。

　わが国においては，身近な生活に密着しつつその人間関係を維持するための（あえて言えば庶民的な）道徳は存在しても，普遍的—体系的—原理的な倫理によって行動が規制され支配されることはまずなかったと言ってよい。従ってそこでは，一枚岩的な普遍化可能な道徳的原則をすべての状況に通汎的一義的に適用する態度よりも，個別的な状況・場において可変的である，きめ細かい配慮と決定が求められることになる。そして——「場の倫理」自体が，特定の個人が「傷つくこと」を避けうるというメリットを有しているが[4]——この「日本的状況倫理」も，このことに伴って優れた諸特徴を——とくに西欧的な理念的原理的倫理やアプローチが行き詰まった今日——示しうる可能性をもち

うるであろう。この点を強調する代表的論客は，先にその「間人」論を紹介した，社会学者の浜口恵俊である。

　浜口に拠ると（浜口，1988年，p.41ff. 及び p.303ff. 以降参照。又，同氏の1998年，p.17ff. も参照）日本人の行動・生活原理は，欧米人が準拠する「普遍＝論理主義」（行動原理を種々の状況を通じて変わらぬ普遍的な信念に求め，それを万人に妥当するものの道理として広く適用しようとする）に対し，「個別＝状況主義」と呼ばれうるもの，即ち，行為者が行為選択の拠点を，所属集団における特定の人間関係や地位―役割体系によって規定される個別的事実的真理に求め，集団のつながりを失わないように留意しつつ，現実の可変的状況への適応と，その背後にある固定的社会秩序との調和に努めるような原理，であるとする。

　日本人の社会心理に基盤をもつ行動原理である，この「個別＝状況主義」に拠りつつ，わが国の人々は己の自明的準拠枠である「状況」との自然的な関わり合いにおいて，個別状況的な性格をもった日本的行動判断基準を自主的―主体的に採択するのである。その際浜口は，日本人の「状況型行為」が依拠するこの行動判断基準を「標準（standards）」と呼び，欧米人の「規範的行為」が依拠する「規範（norms）」と区別する。そして「今，ここ」の志向のたびごとに「状況」に応じて個別的に設定される標準として「状況倫理」を定義する。「標準」は，行為者が状況との対応において妥当と判断し設定した主観的な行為準則であり，不明確な文脈の中で展開されるが故に，明確で一義的な，言述が可能で外在的な「規範」に比べて，当事者以外には理解しづらい面をもつことはたしかである。しかし，状況型行為においては，個別的状況に対して極めて柔軟性，融通性に富んだ対処が可能であり，偶発的な状況においてその強みは一層発揮される。日本人は刻々変化する状況に関する情報を，内在的にキャッチしつつお互いの信頼感に基づいて，人間関係的視点から柔軟にふるまうのである。従って対人関係においては，日本人は言わば「アウトサイド・イン」（外在的基準をセットした上での自己コントロールの方法）とも言えるべき原理への定位[5]――西洋人はこの逆で，自分の考え・意見をまず基準として決め，それを周りにアピールして，他者をその方向へ動かす「インサイド・ア

ウト」という原理に定位する——と，単独時の自己中心的定位から敏速に切り替える能力を有しているのであって，それを「他律的」（R. ベネディクト）とか「他人志向的」（D. リースマン）とか評定することは的外れである。つまり，不特定多数の同時代人に己の行動の基準を求める「他人志向型」と，状況適応主義という行動基準を人格内部に内面化しつつ保持している日本人の性格とは決して同一視できないのである。

　このように主張しつつ浜口は，前述した「実存的状況倫理」を引き合いに出し，日本人のこの「状況倫理」と同一視する。即ち両者はその相対性・個別性・現実対応性・柔軟性・非規範性・主体的判断・相互信頼（思いやり）・察知力（センシビリティー）といった諸特性において一致するのである，と。

　しかし我々は，浜口の（少なくとも）この最後の主張に関しては——いくら持論の援用のためとは言え——疑問を感じざるをえない。つまり（上述したように）キリスト教から西欧近代に由来する自律的主体の人間観とそれに基づく「自己責任」概念に根差した「実存的状況倫理」を，そのような人間観に従って生きたことのない，わが国の倫理的あり方とを同一視することは牽強付会ではなかろうか。因みに中島（中島，1997年，pp.89~91）は，欧米的「状況倫理」と日本人の「状況倫理」との違いを以下のように述べている，「欧米人にとっての状況倫理とは，各個人が（自己決定して）与えられた状況に適当に変形してルールを適用することである。だが，日本人にとっての状況倫理とは，周りの人々のしているようにルールを変形することである。『状況』とはこの場合，第2の匿名のルールになってしまう。……したがって，はじめからよいルールはあるべくもなく『場』に適合したルールこそ『よいルール』である。しかも，その『よいルール』は個人が決めるものではなく，集団的にひとりでに決まってゆく。個人は『よいルール』をみずからの決断で選ぶことができない。『よいルール』もまた，周囲の人々を見渡して学ばねばならない。……この国では，第1の表層のルールではなく第2の匿名のルールがわれわれを縛りつける現実的力をもっているのである」（傍点は原文のまま）。

　もっともだからと言って，わが国にかつて「実存的」な性格をもった状況倫

理（責任倫理）が全く存在しなかったとも言い切れない。一例としては，河合がその生涯を夢を中心にして追った鎌倉時代の僧，明恵の思想――「『あるべきやうに』生きるというのではなく，時により事により，その時その場において『あるべきやうは何か』という問いかけを行い，その答を生きようとする，きわめて実存的な生き方」あるいは「自分にとって『これだ』と思うことに全存在を懸けてコミットすると同時に，その選択に伴って失うもの……について十分意識すること」（河合，1995年D，p.253, p.321及びp.336を参照〔傍点は原文のまま〕）――を挙示することができる。その際河合は，この明恵の思想（生き方）は貞永式目を通して当時の日常的倫理に多大な影響をもっていたことも指摘し[6]，話を現代に戻して別の著作において「人生のなかに存在する多くの対極に対して，安易に善悪の判断を下すことなく，そのなかに敢えて身を置き，その結果に責任を負うことを決意するとき，その人は大人になっているといっていいだろう」（同，1996年，p.203）と述べている。

　いずれにせよ私見では，実り豊かな実質的な考究に値するのは，「日本的状況倫理」を，ギリガンらが見出した「文脈的相対主義」と比較しつつ論じることではないかと考える。それ故，次にその方向性を探索してみたい。

　(2)「文脈的相対主義」と「日本的状況倫理」とをここで並べて論じうると考えるのは，それらがいずれも，自律的抽象的自己（道徳主体）ではなく，関係的自己に定位しているからである。そして又両者は，己が置かれた現実的状況の不確実性と相対性の認知に基づいて，状況的文脈的に可変的な態度・決断をする点でも一致していると言える。だが文脈的相対主義はさらに，他者をケアしつつそのような決断のアクチュアルな帰結に対して責任をとるという特徴をもっている。即ちそれは，他者に対するケア的責任（応答性）という態度を「ケアと責任の道徳」から受け継いでいる。それ故おそらく両者の比較のための着手点は，この，他者へのケア的責任という事柄に関して日本的な状況倫理がいかなる特性を呈するかを描出することであろうと思われる。

　よく言われる（言われた）ように，日本人は組織（場）の中で，己に期待された役割を遂行する際に，一般に強い使命感を感得し，又そのことを道徳的な

善行とさえ考える傾向を有してきた。そして時にはそれが（極端な状況では殉職のような形で）自己犠牲的精神として発揮されたのであり，日本人のアイデンティティーは役割遂行の形で実現され維持されてきた。従っていわゆる「職業倫理」に従いつつ強い役割責任を日本人は（少なくとも高度経済成長を支えた「団塊の世代」までは）有していること，このことはまず確認されるべきである（例えば，オウム真理教による地下鉄サリン事件〔1995年〕で殉職した地下鉄職員によってこのことは遺憾なく証示された〔これについては河合，1998年，p.168f. 参照〕。そして又，木村をして日本人のメンタリティー〔心性〕を「メランコリー親和性」〔H. テレンバッハ〕――即ち几帳面で義務感・責任感が強く，律義で他人に対して非常に気を遣う――として特徴づけさせた〔木村，1972年，p.24f.〕のもこの側面である）。

　しかしながら，このような役割責任と義務意識は，道徳意識としては，コールバーグ的には協調性と秩序維持を志向する慣習的水準にさし当たりはとどまるものである。もちろん，浜口が主張するように，己の置かれた状況における「標準」に基づく判断に際して「円滑な生活をどのようにして確保するのか，という配慮」や「人間関係をいかにしてうまく保つか」（浜口，1998年，p.18）の腐心を，関係的自己としての主体（「間人」）が，同調圧力によってではなく，自主的内在的動機づけによって行い，それによって同時に自己の実現と向上に努力しているなら，そこではたしかに「よいとみなされること」ではなく「よくなること」を選んでいるが故に（cf. Noddings, *op. cit.*, p.97）――コールバーグではこの区別がなされていない――慣習的水準というレッテルや判定に対する「もう1つの道」が提示されているのかもしれない。だが，役割遂行に伴う（あるいはその前提となる）責任が，直ちに，己の状況的解釈に基づく行為によって傷つく（vulnerable）虞のある者や傷ついた者（ケアされるひと）の呼び声への「応答」ではないことは明らかである。「場における役割」を離れた状況が問題である。別の言い方をすれば，場の人間関係の維持が，必ずしも「ケアリング関係の維持」（Noddings, *op. cit.*, p.85）と直ちに同一ではないのである。

　そしてこのことはそのまま，日本的状況倫理においてその維持が配慮される

「人間関係」の範囲に関わってくる。一言で言えば，その範囲は場の「ウチ」にさし当たりとどまるのであり，既成の場における「察し」「気遣い」が，そしてそれによる秩序維持のみが重要なのである。老松が言うように「瞬間瞬間を最重視して生きる」日本的状況倫理的傾向が「直接人間関係に反映されると，今近くにいる人々の重要性がきわだってきて，結果的にいわゆる身内だけがたいせつということになる」（老松，1997年，p.58）のであり，その意味では決して，西欧的なケアの倫理が根底に置いている（cf. Noddings, op. cit., p.99），地球的規模の生命系における種の保存といった広がりは直ちにはもちえないのである。

そして最後に（とりわけ深層心理学的に）考究されるべきは，日本的状況倫理（広くは場の倫理）における人間関係の維持（「和」と換言してもよいが），あるいは思いやり（傷つけないこと）の意味と機能である。すでに我々は，日本的な思いやりや察しを自分の利益の追求，利己的目標の達成の手段として理解しうることを示唆したが，例えば竹内（1995年）は一貫してそのような人間観に基づいた日本人論を展開している。そして又，浜口も「他の構成員との協調が，結果的には集団のためになり，それが当人の利得にもなる，といった現実的な判断がなされる」（浜口，1998年，p.18）と述べている。そして（日本人が）他人を傷つけたくないのは，自分が傷つきたくないというエゴイズムの裏返しであり，それ故に断固たる行動が取れず，従って行動に対する責任も取りたくなくなる，という事態が生じうる。つまり，場の倫理は，特定の個人が傷つくことを避けるというメリットを有しているが，それは，何らかの事態に対して責任者を特定しない（「運」などのせいにする）という日本的メカニズムのせいである。

たしかに「ケアと責任の道徳」における道徳判断においても，あるいは「文脈的相対主義」における状況判断においても，自分の利益を保つことが，あるいは自分自身を（他者同様）ケアすることが（ギリガン的レベル3においても）当然視される。しかしそれは「ケアすることが維持されるべきなら，ケアするひとが維持されねばならない」（Noddings, op. cit., p.100）からである。ところが

日本人が，この当然の前提の意識化を回避・抑圧し（あるいは「ホンネ」の領域へと放逐し），意識レベル（タテマエ）において無私的な自己犠牲的行為のみを賞揚し，遂行するなら，そこに成立し維持される人間関係は一種の「サド＝マゾ的共生」(E. フロム)の様相を呈するのであり，それは決して自立した人格同士の親密性ではないであろう。そしてこの自己犠牲が相手（場）によって評価されていないことが自覚されたとき，それは容易に「うらみ」[7]という攻撃的感情へと反転するのである。

　ギリガンやノディングスらのケアの倫理の観点からすれば，日本的状況倫理は，既成の集団の枠を越えた脱慣習的な責任指向の段階へと抜け出ていかず，停滞していることとなろうが，そのような限界は，場の圧力（即ち「空気」[8]の力）が強く醸成され，それによって一種の無責任体制（個々の成員には責任分散・回避の心理）が形成されるときに明白となる。母性原理（母性社会）は，一方では成員を育み守る側面をもつが，しかし成員が場から外れようとすると呑み込んでしまい，「滅私奉公」を強いて言わば自立（自律）への動きを阻んでしまう側面ももつ。後者の傾向が強くなったとき，状況倫理は一種の「空気倫理」と化し，時には全体主義に似た体制を生み出してしまうのである。たしかに，良好な人間関係の維持，場のバランス維持が，各個人の判断や行為の自主的内在的動機づけであるとき[9]は問題は生じず，浜口が言うように，その際には各人の状況に対するフィードバック能力への相互信頼が通用するかもしれない。しかし，その目標が個人にとって場からの外圧的な同調への力として課されるとき，あるいは「和」の雰囲気が破綻の兆しを見せるとき，相互信頼は「お任せ主義」（これは決して信頼に発するものではなく，責任転嫁の心理に基づくものである）へと変貌し，己の不利益を招かぬための日和見的な決断の先送りや，「こうする以外に仕方なかった」という弁明と責任所在の不明化が生じるのである。そして又，日本的な場においてはリーダーは真の指導力をもたず，むしろ場の力の被害者とさえ自己認識しがちなこと（河合，1976年，p.15f. 参照）も，K. ウォルフレンが指摘したように（ウォルフレン，1994年，p.76ff.），たとえ個々人が強い責任（responsibility）感の持ち主であるとしても，組織的社会構

造的な次元での「説明責任 (accountability)」の中枢の不在という事態を今日しばしば出来させているわけである。

　以上，我々は日本的状況倫理（広くは場の倫理）の特性を，ケアと責任の道徳に由来する文脈的相対主義との比較の観点を探索しつつ述べてみた。コールバーグの公正道徳，及び実存的状況倫理も含めて，その主要点を比較しつつあえて纏めれば図表6-8のようになろう。

　おそらく日本的状況倫理が，あるいは広く日本人の道徳性が発達していく1つの方向性としては，それがどのようにして，文脈的相対主義が目指すような脱慣習的な（「ウチ」の壁を越えた）責任指向のあり方へと抜け出していけるか，ということだと思われる。

図表6-8　4つの倫理性（道徳性）の総括的な比較

	自己の捉え方	道徳性の捉え方	責任のあり方
公正道徳 （コールバーグ）	自律的主体的自己	普遍主義	主体的自己責任
実存的状況倫理	自律的主体的自己	相対主義	主体的自己責任
文脈的相対主義 （ギリガン&マーフィー）	関係的自己	相対主義	他者への応答性
日本的状況倫理	関係的自己	相対主義	ウチでの役割責任

第7章
「シャイ」について

第1節 「シャイ（ネス）」の諸特徴

1.「対人不安」と「シャイネス」

「シャイ」は元々英語（shy）であるが，とくに若い人たちの間では，普通の日常生活において社交に控えめな性格，あるいは引っ込み思案な性格などを表わす言葉として，すでに外来語化していると言ってよいだろう（もっとも後述するように，わが国と米国では，シャイに対する捉え方や対応が，かなり異なるのだが）。

自分のことをシャイな性格だと思って悩んでいるひとは結構いるであろうし，又，シャイであるが故に「大切な（究極の）一言」が言えず，恋が実らぬまま終わってしまった経験をもつひともいるであろう。

この章では，この「シャイ」（名詞形はシャイネス〔shyness〕）について見つめていきたいが，まずその前提として「対人不安」（social anxiety）——これはわが国に特有のこころの病と言われている「対人恐怖（症）」[1]とは異なり，誰しも程度の差はあれ経験するものである——について説明したい。

対人不安に関しては，さまざまアプローチの説明があるが，ここでは社会心理学者であるM. R. リアリィの「自己呈示的対人不安論」に拠って，以下説明していきたい。

まず「自己呈示（self presentation）」とは，自分に対する他者（状況によってその人物は変わっても，いずれにせよ自分の目的にとって重要な他者）の見方・評価・態度に対して影響を与えようとする試みの1つである。その際ひとは，さまざまな手段を用いて，他者に自分の望む印象（こう見られたいと思う自分）を

与えようとする。例えば，話し方，話す内容，化粧や服装によって外見を整えること，などの手段である（リアリィ，1990年，p.58ff. 参照）。

そして「対人不安」とは，例えば「初対面のひとに紹介される」「面接試験を受ける」「スピーチを行う」「お見合いをする」といった，現実の（あるいは想像上の）対人場面において，他者からの評価に直面したり，あるいはそれを予測したりすることから生じる不安状態，緊張，あがりなどのことである。

その際，それらの他者から好意的（自分が意図しているよう）に評価されたいと思っていることが，対人不安が生じうる第1条件である（それ故，特定の印象を相手に与えたいという目標の存在と，その相手が自分のその目標にとって重要な人物であることがまず前提となる）。

しかし，その目標がうまく達成できるかどうか，自己呈示がうまくいくかどうかに自信がない，少なくともあまりないことが，対人不安が生じうる第2条件となる。さらには，どのような自己呈示がふさわしいかよくわからない，あるいはわかっているがその能力が自分にあるか疑わしいとき，さらに対人不安は強くなる（同，p.62ff. 参照）。

対人不安は，先述したように，程度の差はあれ誰にでも生じうる正常なこころの動きであるが，ひとによっては（治療的介入が必要となる）病的なもの（例えば「社交不安障害」[2]や〔わが国では〕「対人恐怖」）に移行する可能性は否定できない。

2．「対人不安」の分類の試み

丹野・坂本（2001年，p.57）に拠ると，社会心理学者のA. H. バスは，対人不安を，その原因と結果，情動や行動的特徴によって，以下の4つに分類している。

(1)「当惑（embarrassment）」――例えば，場にそぐわない格好や言動をしてしまい，赤面や照れ笑いなどの反応をすること（日本語で言えば「照れ」に近いと思う）。

(2)「恥（shame）」――例えば，周りのひとの期待に応えてうまくやろうと

第1節 「シャイ（ネス）」の諸特徴　131

したけれども，失敗したり負けたりして，その人たちをがっかりさせてしまった場合（筆者はこれを「対他的恥」と呼びたい），あるいは理想的な自分に照らして，今の自分がそれに程遠いことを感じたときや，非道徳的な行いをしてしまったときに生じてくる情動（これには多分に自己嫌悪や罪悪感が伴う。筆者はこれを「対自的恥」と呼びたい）。

(3)「観衆不安 (audience anxiety)」――例えば「人まえでスピーチやパフォーマンスをするときに生じ……緊張，心配，パニック，混乱などの感情が生じ，こわばった表情になり，視線が定まらなかったり，顔面蒼白になったり，身震いがしたり，声が震えたり」(同, p.59) する。

(4)「シャイネス (shyness)」――これについては，本章の主題であるので，その特徴は後に詳述したいと思う。

　もちろんこの4つの現象は，はっきりと区別できるものではないが，丹野・坂本は，当惑と恥，観衆不安とシャイネスには，前2つと後2つで，それぞれ類似点があると言う（同, p.57）。それは，図表7-1で筆者が引用させて頂いた，バスによるそれぞれの特徴づけの判定表から導いた意見である（もっとも彼らは他方で，「バスの理論は独創的」だが「理論の根拠に乏しいという欠点」があ

図表7-1　当惑と恥，観衆不安とシャイネスの特徴

	当惑	恥	観衆不安	シャイネス
反　応				
顔を隠す	○	○	×	×
副交感神経系の活動	○	○	×	×
交感神経系の活動	×	×	○	時々
自分を責める	○	○	×	時々
性格の関与	×	×	○	○
原　因				
めだつこと	時々	×	○	○
状況の新しさ	×	×	○	○
ばれる（知られる）こと	○	○	×	×
評価不安	×	×	○	時々

(丹野・坂本, p. 63)

筆者注：「シャイネス」には性格が関与していることにとくに留意されたい。

り,「たとえば,当惑,恥,観衆不安,シャイネスという分類も,それを裏付ける根拠はあまり」ない(同,p.64)とも指摘している)。

3.「シャイ」なひとの特徴とタイプ

以下ではシャイネスについて,(1)シャイな性格が出やすい状況,(2)シャイなひとの特徴,(3)シャイネスのタイプについて順に示していこうと思う[3]。

（1） シャイな性格が出やすい状況（とくに若者に関して）

①「面接試験」「授業での発言やプレゼンテーション」「合コンへの参加」など,集団の中で何かすることを求められているとき。

②異性と1対1になったとき（とくにその異性に密かに想いを寄せているときは,格段に緊張が高まる）。

③（「接客場面」など）とくに親しい相手ではないが,かといって形式的にあしらうこともできない——例えばその相手の,自分に対する評価が気になるなどのため——ひとと話をせねばならないとき（とくに話題がとぎれてしまったとき）。

（2） シャイなひとの特徴

①生理的特徴

・緊張,動悸,手などの震え,口の渇き,発汗など（要するに自律神経系の内,交感神経系の活動が高まる）。

②行動的特徴

・引っ込み思案。
・口数が少ない（寡黙）。
・ほとんど自分のこと（とくに私的なこと）を話さない（逆に相手に慣れ慣れしく私的なことを聞かれるとかなり動揺する）。
・(1)のような状況は避けたい,逃れたいという様子を呈する。
・話している相手と目が合うと視線をすぐにそらす。あるいは初めから相手の目を全然見ない。
・話をする「きっかけ」をつかめない。

・話し手と聞き手になるのをうまく切り換えられない。
・会話の流れ（キャッチボール）を維持できない。
　③認知的特徴
　(a)自分自身の認知（自己の捉え方）に関して
・「私はシャイだ」
・「私は面白みのない人間だ」
・「私には自信が欠けている」
・「私は人づき合いが苦手だ」
　(b)他人の，自分に対する認知に関して
・「他人(ひと)は私のことをシャイだと気づいている」
・「他人は私の生理的変化や行動的特徴に気づいている」
・「他人は私のことを面白みのない人間だと思っている」
・「他人は私と一緒では退屈で不快になるだろう」
（3）シャイネスのタイプ分けの試み
　シャイはその特徴によって2つに分けられる，と主張する研究者もいる。ひとりは，P. A. ピルコニスで，彼はシャイなひとを「公的にシャイ（public shy）な人」と「私的にシャイ（private shy）な人」とに区分している。それぞれ後藤の説明（後藤，2004年）を引用して説明すると，

① 「公的にシャイな人」とは，「彼らは他人からも自分からもシャイであると認められている。すなわち，他者に読みとれるだけの会話場面でのぎこちなさがその人からにじみ出ているのである。公的にシャイな人とのコミュニケーションでは，相手もぎこちなさを感じるため，相手はその人とのコミュニケーションを積極的にとらなくなる可能性がある。そのため，このタイプの人は対人関係を円滑に運営する能力（社会的スキル）を高めることが必要となる」（後藤，p.99）。

② 「私的にシャイな人」は，「他者にはその人がシャイな人だとは感じられないのが特徴である。シャイだと思っているのは本人だけという点で，『思い込み（自意識）』の強い人たちともいえる。このタイプの場合，本人は対人

場面で不安感や緊張感を強く感じているものの，実際にはある程度スムーズにコミュニケーションをとれている。したがって，対人場面での問題をほとんど生じない。過去に対人場面で非常に恥ずかしい失敗をしたことなどを引きずっていて自信を喪失している場合もある。私的にシャイな人は，他者にはシャイな人とは受け取られないだけに，自分は他者から正確に理解されていないという思いがある。しかしながら，対人関係での自信を回復できれば，自分がシャイであるという意識も弱まり，他者が自分に抱いているシャイでない印象をそのまま受容できるようになると考えられている」(同, p.99f.)。

なお，Ph. G. ジンバルドー（第Ⅰ部，1982年，p.49ff.）にも，ピルコニスのこの区分の説明があるので，参照されたい。

シャイネスを2つのタイプに区分しているもうひとりは，前出させたバスであり，彼は「恐怖シャイネス」と「自意識シャイネス」とを分けている。ここでは，L. A. シュミット＆J. シュルキンによる紹介（シュミット＆シュルキン，2006年，p.23ff.）を要約して説明する。

(1)「恐怖シャイネス」は，公衆への臨場や新奇の経験によって引き出される。恐怖シャイネスは生まれてすぐ生じ，見知らぬ人との接触をはじめとする新しい状況における抑制と関連している。恐怖シャイネスは一般的に，新しい状況——例えば「初めて大学に行くといった新奇の状況」「初めてデートするといった新しく1人の人と会うこと」「格式ばらない交流会に行く」など——や目立つこと，他者から評価されること，他人の前で話すことなどが原因となる。

(2)「自意識シャイネス」は，フォーマルな状況やプライバシーの暴露，じろじろ見られたり，自分だけ異なっているという結果からもたらされる。自意識の発達を前提とするため，このシャイネスは，恐怖シャイネスより遅く発症する。つまり自意識シャイネスは，社会的な対象としての自己を強く意識することや，自分を観察する他人が自分をどう思っているかを過度に意識することなどが原因となる。

4．「ラヴ・シャイ」について

　恋愛に対して奥手あるいは引っ込み思案なことを英語で「ラヴ・シャイ(love shy)」と言う。ひどい場合は，好きなひとに「告白できない」どころか，そもそもそのひとに（さらには同年齢位の異性に）「話しかけられない」という状態である。そしてこのラヴ・シャイのひとは男性に多い。なぜなら男女交際では（そもそもそのスタート地点で）男性が主導権をとるべきだ，という暗黙の慣習というか不文律が世の中にはあるからである。どんなに相手の女性もその気があって，何らかの形で意思表示（例えば「笑顔」や「視線」など）をしてきたとしても，男性の方がそれを察して「話しかけない」と，女性は「私に気がないのだ」と勘違いして，やがて恋する気持ちをなくしてしまうだろう。これでは，実るものも実らず，結婚どころか恋愛にまで発展することもありえない。冨重（2004年，p.117）は，このような男性を「恋愛シャイマン」と呼んでいる。事情は米国でも同じらしく（意外かもしれないが），社会学者のB. G. ギルマーティンは『シャイマン・シンドローム』(1994年〔原著は1989年〕）という書物を著し，「恋愛シャイマン」の男性の性格分析と，彼らに対する「恋愛成就」のための提言までしているほどである。

　冨重（同，p.117）は，「恋愛シャイマン」の自己理解・性格特徴を，図表7-2のように分析しているので，引用させて頂くこととしよう。

図表7-2　恋愛シャイマンの自己理解・性格特徴

- 活動的でなく引っ込み思案で，劣等感が強い
- 好き嫌いや感情を率直に表現することが苦手で，相手に対して遠慮がち
- 自分は「男らしくない人間である」と自己認識する傾向がある
- 自分を「静か」で「正直」であると捉える一方，「明るくない」「行動力に乏しい」「意志が弱い」「頼りがいがない」と，自分の外向性・社交性を低く評価する
- 自分の容姿や能力全般に自信がなく，自分のありのままを受け入れることができない

（冨重，p. 117）

　さらにまた彼は——将来結婚したいが，どうも自分は「恋愛シャイマンだ」と感じている男性には酷な調査だったかもしれないが——彼が勤務する大学の女子大学生153名（平均20.87歳）に対して，2002年11月に，結婚「できない」

「しない」男性に対するイメージの違い，について質問紙調査を実施し，結果を図表7-3に引用させて頂いたように公表している。

図表7-3　結婚「できない」「しない」男性に対するイメージの違い

結婚したくてもできない男とは？
1　内向的で自分を積極的に表現しないので，一緒にいても面白くない男（43.1%）
2　自分の殻に閉じこもってしまうので，気味が悪い男（36.9%）
3　自己中心的で相手を思いやれない，小さな気づかいに欠ける男（24.1%）
4　結婚に対して高過ぎる期待・非現実な理想をもっている男（20.6%）
5　母親（家庭）から精神的に自立できていないマザコン男（17.0%）
6　服装にルーズで，おしゃれをしない，サエない男（12.3%）
結婚しようと思えばできるのに，あえてしない男とは？
7　かなう確率が小さいような大きな夢・目標に生きる男（57.2%）
8　仕事や趣味など，好きなことへの飽くなき探求心に燃える男（38.4%）
9　すべてうまくいっていて，現状に満足している男（20.8%）
10　だれにも縛られず，自由に自分のためだけに生きたい男（18.5%）

（冨重，p. 114）

筆者注：複数回答なので，総和は100％を超えている。

　今の話の文脈で重要なことは，女子学生の約半数近くが「内向的で自分を積極的に表現しないので，一緒にいても面白くない男」と回答していることである。これは裏を返せば「そういう男とは結婚したくない」というニュアンスを含むものとも解釈できるだろう（話は変わるが，筆者自身が自分の講義で，約250名の女子学生に対し，「酒の席で〔つまり酔っ払って景気をつけて〕『君のことが好きだった』と告白されたら，嬉しいか」と問うたところ，（1名を除いて）全員が「ノー」と即座に回答した）。

　「ラヴ・シャイ」をどう乗り切ればよいのか，これについては，次節の最後で触れたいと思う。

第2節　「シャイ」に厳しい米国と寛容な日本

　先に名前を挙げた米国の著名な社会心理学者であるジンバルドーは，シャイな性格のもつ人生上のデメリットを以下のように羅列している（前掲書，1982

年, p.15f.)。
- 「シャイネスは, 身体的ハンディキャップの最もひどいのと同じくらいの障害となる, 心理的なハンディキャップなのです。そしてその結果というのは, 実に厳しいものなのです。」
- 「シャイネスは, 新しい人に会ったり, 友だちを作ったり, 潜在的に良い経験を楽しむのを, 困難にしています。」
- 「それは, あなたが自分の権利を口に出して言ったり, 自分の意見や価値を表現するのを妨げます。」
- 「シャイネスは, あなたの個人的な長所を他人が積極的に評価することを制限しているのです。」
- 「それは, あなた自身の反応に対する自意識や過度の先入観を助長します。」
- 「シャイネスは物事をはっきりと考えたり, 効果的に伝達することを, 困難にしています。」
- 「抑圧, 心配, 淋しがりという否定的な感情が, 典型的にシャイネスには伴っています。」

そして又, 同じく米国の臨床心理学者である J. ベレント & A. レムリーは, その著 "BEYOND SHYNESS" (1993年〔未邦訳〕) の中で,
- 「シャイのひとは, 緊張をほぐすためにアルコールに頼り, やがてそれは習慣化し, アルコール依存症 (alcoholic) へと導く。」(p.260f.〔筆者による意訳〕)
- 「シャイネスがひどくなると, 自然の結果としてうつ病に陥る。」(p.261〔同上〕)

そしてジンバルドーは——ベレント&レムリーも——自分がシャイであることをはっきり「障害者」に自覚させ, どのようにして克服するかの具体的処方を, それぞれの考え方に従って, 段階的に克服し, 自己変革するプログラムを提示している (ジンバルドー, 第II部1982年, 及びベレント&レムリー, p.267ff.)

まず日本人でシャイだと自認しているひとは, 彼らの描くデメリットの羅列を読んで, 暗澹とした気持ちになってしまうだろう。ジンバルドーも指摘している通り,「自分はシャイだ」と自認している人間の割合は, 米国より日本の

方がはるかに多いのである（木村・小川，1982年，p.iii）。

　さらにわが国の精神科医で「対人恐怖」の研究と治療で名を知られている内沼は，ジンバルドーのこの書に対して鋭い批判を次のように述べている。「彼はシャイネスの美点も認めていないわけではないが，基本的には克服されるべきものとみなしている。この本の半分以上は，シャイネスという牢獄から脱却するための戦術にあてられているが，要するにその内容は，私たち日本人からみると，自分を売り込む法とでもいうべきものであって，営業マン向けの指導書のようなものである。彼は言い訳をしているが，もうそうでなくともこの国（＝米国──筆者注）には俺が俺がという連中があまりにも多すぎるのではないかと批判されたのも，当然なことという印象を受ける」（内沼，1997年，p.41）。

　米国の研究家や臨床医の，シャイネスに対する厳しい査定に対し，後藤は次のように日本の事情を述べている，「岸本（1994）の……報告でも，日本人の3割以上が『シャイ，シャイネス』という言葉に肯定的なイメージをもっており，日本人の考えるシャイな人のイメージは米国人と違い多分に二面的であるという。日本人は『シャイな人』という形容に，しとやかさ，かわいらしさ，といったニュアンスを感じている。……私たちは，ほとんど誰もがシャイな自分を意識しており，シャイであることに，日本人らしさという親しみを感じている。そのため，欧米人と比べてシャイな人に好意的で寛容なようである」（後藤，前掲書，p.91f.）。

　筆者は本書の第2章第2節で，米国人の子どもは自己主張がよくできるように育てられ，それに対し，日本の子どもは自己抑制的になるように育てられると述べた。この「自己抑制的」文化においては，シャイであることは，「出しゃばり」を嫌う人々の間では，むしろ好意的に受容されるのであろう。しかしだからと言って，シャイで悩んでいるひとも実に多い（とくに若者）ことも忘れてはいけないが，「シャイ」を自他に対する「甘え」の口実にするべきではないと筆者は考える。

第3節 「シャイ」な性格を改善する方法

　さて，これまで主として社会心理学や発達心理学におけるシャイネスの研究を追ってきた。シャイネスは，（先に言及した）「対人恐怖」や「社交不安障害」ほどの精神疾患とは言えない。とくにわが国の先述した状況では，精神科を受診するほどのこころの病ではないし，またDSM-IVにも「シャイネス」の項目はない。ジンバルドーやベレント＆レムリーが，如何に深刻にシャイな性格を描写していたとしても，彼らが提案しているのは，あくまで「セルフヘルプ」（自分自身で治す）な方法である。

　ここでは，わが国の研究者が「シャイネス」への自己対処法を箇条書きに述べ，それぞれ説明を加えている[1]ので，それを紹介することとする（後藤，前掲書，p.106ff.）（なおその後の括弧内は筆者による，それに対するコメントである）。

「①自分のシャイネスを正確に把握する

　まず，シャイな自分を意識した経験を思い起こしてみよう。……そして，自分がどういう状況でシャイネスを経験しやすいのか知ることが必要だ。」

【筆者のコメント：賛成である。ただ後藤はこのことを述べる前に「シャイな人はシャイなままでもいい。しかしながら……『極端に』シャイであることは決して望ましいことではない」と言っている。従って後藤は自己対処法について提言する際に，「極端＝極度なシャイネス」を想定していることがわかる。だとするならば，「極端なシャイ」ではなく，その程度を越えた「対人恐怖」や「社交不安障害」にまでは至っていないことをまず確認しておくことが重要ではなかろうか。とくに日常生活に支障が出ているほどにまでなっていれば，それはすでに病的な域に入っていると考えた方がよい。その線引きは，素人では全くできないので，専門医に任せる他はない。「対人恐怖」や「社交不安障害」については，第1節の註(1)と註(2)で示しておいたが，日本人は後者の方は米国に比べて有病率はずっと低い[2]。それ故ここでは，「対人恐怖」の診断基準について，多田（2011年，p.17）が記載しているもの（わが国の「対人恐怖研究

グループ」が提案したもの）を図表7-4として再録させて頂くこととする。

図表7-4　「対人恐怖研究グループ」による「対人恐怖」の診断基準

1. 自己の態度，行為，あるいは身体的特徴が，社会的対人状況において不適切に感じられる。
2. そのため社会的対人的状況で，恥，困惑，不安，恐怖，おびえ，緊張など，持続的な感情反応を呈し，強い苦痛を感じる。
3. 1と2のために他者との良好な関係を維持できない（受け入れられない，軽蔑される，避けられる）と感じ悩む。
4. 苦痛を覚える社会的対人的状況を回避しようとする反面，回避することに対して抵抗がある。

付帯事項として，妄想型対人恐怖症（重症対人恐怖，思春期妄想症，北海道大学グループのいう確信型対人恐怖）は，上記4つの診断基準を満たしたうえで，さらに以下の3つの項目に該当するものとした。

① 特定の身体部位，あるいは身体感覚に結びついた，自己の身体に欠陥があるという確信をもつ。
② ①のために他者に対して害を与えるか，不快感を与えると妄想的に確信している。
③ ①のために他者がいつも自分を避けることを，妄想的に確信している。

(多田，p. 17)

　このような判断基準を読むと，「まさに自分ではないか」と心配するひともいるかもしれないが，本当に心配なら——対人恐怖ではないと言われて安心するためにも——ためらうことなく専門医（大学の保健センターでもよい）を受診することをお勧めする。対人恐怖の研究と治療に関しては，わが国には深い蓄積がある。とくに図表の中で「妄想型対人恐怖症」と呼ばれているものは，こころの病の内でも重篤なものなので，こころ当たりのあるひとは必ず受診してほしい。】

　「②自分がシャイである原因について考え直してみる

　シャイな人は，自分がシャイである原因を『自分のだらしなさ』に結びつけて考えてしまいやすい。しかし，シャイネスは誰もが経験するもので，自分がだらしないから経験するのではない。ただ単に，あなたがシャイなのは，シャイネスを経験する状況に置かれたときの振る舞い方・対処の仕方を知らないからではないのか，とそう考えてみよう。」

【筆者のコメント：賛成である。ただシャイの原因を「自分のだらしなさ」に

結びつけがちというのは何となく妙な感じがする。「だらしなさ」ではなく「自分の小心さ・ふがいなさ」に結びつけることの方が多いのではないか，と筆者は思うのだが。】

「③自分の行動モデルとなる人物を見つけ，観察する

あなたの周りで，人づきあいの見本となる人を探してみよう。……そして，その人のコミュニケーションのとり方をじっくり観察してみよう。人づきあいの上手な人は，話題提供や相手への応対といった言語的なコミュニケーション能力だけでなく，非言語的なコミュニケーション能力にも富んでいる。視線が相手にしっかりと向き，顔の表情も，身ぶりも豊かである。」

【筆者のコメント：これはひと――ここで問題にしているのは「極端にシャイな人」であったはずである――によっては逆効果である。自分はとてもあんな風にはできないと感じ，かえって自己嫌悪に陥り一層シャイを強くするどころか，引きこもってしまう虞がある。「人づきあいの上手な人」ではなく，適度に普通にしゃべったり，ふるまったりしているひとをモデルにした方がよいと筆者は考える。――そもそもわが国は「視線が合うのをさける文化」なのだ――あなたは人づきあいの上手なひとにまでなる必要はない。普通に人づきあいができれば，それでよいのである。】

「④行動モデルの振る舞い方をマネしてみる

ひととおり行動モデルの観察が終わったら，その人をちょっと大袈裟なくらいにマネしてみよう。まずは何度もリハーサルをする。最初は一人で部屋のなかで。そして次は鏡の前で。ぎこちなさがなくなってきたら，それを実際の対人場面で使ってみる。」

【筆者のコメント：そのようにひとりで鏡の前で練習している自分を，笑ってしまうことができれば，それは一種の「開き直り」となり，気が楽になるだろうとは思う。シャイなひとに欠如しているのは「他人が自分をどう見ようとどうでもいいじゃないか」という「開き直り」だと筆者は思う。だから筆者はむしろ，自分や他人にこころの中でこう主張することを勧める。「私はたしかにシャイですが，それが何か？」と。】

「⑤相手からのフィードバックの収集に努める

　シャイな人は，対人場面では，自分自身のことにばかり注意が向きがちになる……シャイな人は自分の判断基準のなかだけで自分にレッテルを貼ってしまう悪いクセがある。あなたは本当に相手によい印象を与えられ（ママ）ていないのか，あなたは本当に人づきあいが上手でないのか……あなたをよく知る友人や恋人，両親や先生はあなたのコミュニケーション・スタイルをどう思っているのか，実際にその本人と話し合ってみるとよい。決してその人の立場にたってあなたが想像するだけではいけない。」

【筆者のコメント：基本的には賛成だが，話し合うのは，親しくて信頼できる友人だけでよいのではないか。「恋人」とあるが，自分によい印象をもっていない恋人などありえないだろう。「両親」に真面目に尋ねるのも照れくさいし，両親も又，「こいつ，どうしてしまったんだ。何かあったのか」と心配になるかもしれない（決してふざけて言っているのではない。そもそも親にそういう質問を改めてするひとは少ないと思う）。又，「先生」にこのような意見を求めることは，極度にシャイなひとには，むしろ緊張をもたらすだけのような気がする。】

「⑥シャイネスに対処する自己会話を用意しておく

　自己会話とは，シャイネスを経験する状況に置かれたときに，自分自身に言い聞かせるセリフのことである。実際にそのような状況に置かれたときに，自分をリラックスさせるようなセリフ（例……落ち着け，ゆっくり）と，その場で自分がとるべき行動を鼓舞するセリフ（例……今日はあの人と話すんだ，うまくやれるぞ）をあらかじめ用意しておく。」

【筆者のコメント：前者には賛成だが，後者は相手と状況に拠るだろうと思う。】

　以上，後藤の自己対処法とその説明を引用し，それに対する筆者の意見を不遜にも述べさせて頂いた。後藤は締め括りに「シャイな性格とつきあっていく」という見出しの下に意見を述べている。一部略させて頂くが，それには全く賛成なので，最後に引用しておく。「……シャイな人の多くがもっている過度に自己否定的な考え方・思い込みは，シャイな人の生き方をひどくもったい

ないものにしている……『自分なんかがあの人に話しかけたら，軽蔑されるのでは……』，こういう考え方は，意識的に心のなかから排除できるように自ら努めるようにしたい。皆さんがせっかくの出会いを逃すことなく，その場に応じて，時には自己主張のできる『適度にシャイな人』として生活されていることを，私は願ってやまない」(p.108)。

(補論) 「ラヴ・シャイ (恋愛シャイマン)」のひとへ

　先に名を挙げたギルマーティンは，ラヴ・シャイ問題に関し，次のような提案をしている。「ラヴ・シャイ問題に関しては，予防策のほうに力を入れることが必要である。確かにラヴ・シャイのベースは生来の性質に起因するが，シャイ問題そのものは，後の（心理的）学習の結果起きる。社会の反応によって，例えば，それがあまり手厳しいと，内向的で不安定の男の子は，もともとの自尊心の欠落に加えて，強度の人間恐怖症を発展させてしまう傾向がある。このような男子が姉妹を持つことなしに育った場合，極度の執拗なラヴ・シャイ性格を作ってしまうことがある。」(ギルマーティン，前掲書，p.248)，「最も変革を求められる種の常識は，『女性ではなく男性こそが率先して，男女の友愛関係やカジュアルな会話の口火を切らねばならない』という固定観念である。あるシチュエーションに置かれた時に，友愛関係のイニシアティヴを，どちら側が取るべきかを決定する要素は，性別（ジェンダー）ではなく，固有の性格の問題であるべきだと，私は考える。アサーティヴな性向に対して，男女が本質的に性格上差異があるというような証拠はなにもない。」(同，p.247)。

　筆者は，たしかに2つ目の提言（つまり「世の常識の転換」）は非常に重要だと思う。しかし今，ここの恋愛シャイマンにとって，それを待つのは他力本願だし，またわが国の政府がこの（根拠のない）常識を転換するような動議を提出するような動きも全くないと言ってよい[3]。それ故現段階では，恋愛シャイマン自身が――今の状態がいやなら――動き始めるしかない。そのためのステップを筆者なりに考えて述べてみたい。

①とにかくまず相手（女性）を好きかどうかは置いておいて，同年代の女性と

話をする（話しかける）練習が必要である．何らたわいない，ささいな事柄でもいいから話しかけること．それだけでもできたら，随分嬉しい気分になるし，それがきっかけで，二言三言の会話になったら，自分に達成感が得られるだろう．まずはそれでよい．

② 背中を誰かに押された気分で，勇気をもってクラスや部活などの合コンなどに出てみよう（興味がない部やサークルでも，女性のいる所へ，自らを投げ入れること）．そして「習うより慣れよ」の精神で，場数を踏むこと．変に気負ったり，無理して笑い話を造り出したりする必要はない．あなたが黙っていれば，向かい側の女性が話しかけてくるだろう．それに対して，ありのままに返答していればよい．それで「シャイだ」と思われたのなら，それはそれでよいではないか．実際シャイなのだから．「破鍋に綴蓋」という諺があるように，「シャイ」な男性を好む女性もいるのだ．そしてまず異性の友人が出来て，あなたにそれ以上の感情が生じてきたら，思い切って——でも冷静に——告白しよう．そのようなレベルに達して悩んでいる男性に対して，最後にドイツの作家 Th. シュトルムの格言を送ろう．

「愛は羞恥を超える」．

第8章
若者の友人関係の希薄化？

第1節　希薄化論者たちの主張

　寒い冬の日，凍えたヤマアラシたちが，お互いの体で暖め合おうとくっつくが，お互いの体のとげが刺さって痛い。離れると痛みはないが，やっぱり寒くてやり切れない。A. ショーペンハウアーの随筆集『パレルガ・ウント・パラリポメナ』の中で叙述されている，この「ヤマアラシのジレンマ」（ショーペンハウアー，1973年，p.177）という寓話は，他人との心理的距離の取り方の難しさを表わしたものとして，今や相当知られるようになったが，彼が「おち」として提示している，「礼儀作法や上品なマナーの発明」という解決策は，このジレンマが孕んでいる人間学的・対人心理学的重要性・深刻さに比べて，いささか安直でかつ一般論的であるとの感が否めない。ひとはいつの時代も他者と関わらざるをえない限り，このジレンマに悩んできたのであり，その意味で普遍的であるが，このジレンマに対処する仕方は，社会・時代・世代のメンタリティーと，その中で形成される個々のパーソナリティによってさまざまであると言える。その点でこのジレンマをめぐる問題圏の検討は，「時代を映す鏡」となりうるのである。

　本章は，その本質・メカニズムにおいて，このジレンマとの関係が深いと思われる現象，即ちそれ以前の世代と比べて「今日の若者の友人関係のあり方が希薄化している」という現象——ただしこの判断の当否の裁定は今は保留しておく——に検討を加えるものである。そしてそのことを通して，現代の若者のライフスタイルを，そして上述したように，それを鏡として映し出される現代日本の社会状況をわずかながらも明晰化してみたいと考えている。

「若者の友人関係が，それ以前の世代，例えば団塊の世代と比べて希薄化している」という言説は，わが国の若者の永続的モラトリアムが常態化した1980年代初めに一般的に登場し，携帯電話が若者を中心に巷間を瞬く間に席巻した今日に至るまで，さまざまな論者によってくり返し主張されている[1]。論者の多くが，臨床に携わる精神科医であることが特徴的な点である[2]が，彼らの主張はそれぞれ独自の視点からの洞察に基づいたものであり，それ故さまざまなヴァリエーションを示している。しかし，それらに通底している最大公約数的な代表的テーゼを析出することは可能であると考え，以下にそれらを列挙してみたい（ただし誤解されてはならないのは，「若者の友人関係の希薄化」ということ自体は決して病理的な事態としては捉えられてはおらず，従って以下に述べる諸特徴も決して「症候群（シンドローム）」ではない，ということである）。

① 「ヤマアラシのジレンマ」に対する今日の若者独自の対応の仕方として生じてきたものである，ということ（とくに小此木，1993年〔1980年〕，p.201）。

② 「孤立すること（独りになること）」は不安だが（従って，後述するように仲間は大切である），深い関わりは苦手である。

③ とくに情緒的な関わり合い（絡み）は苦手なので，一時的，部分的あるいは表面的な関わり方をする（おしゃべりにおいても，表面的一般的な話題を好み，内面的な本音トークはしたくない）。その意味で「シゾイド的」（小此木）あるいは「シゾフレ的」（和田，1994年）と呼んでもよいようなパーソナリティをもっている。そして又，それ故に大学生の場合，フォーマルな顔でいられる授業時よりも，親睦を深めるためのコンパなどへの出席を嫌う，という「ふれ合い恐怖」[3]的なメンタリティーをもつ者もいる。

④ ただし，孤立することへの不安があるので，心理的乃至社会的に完全にひきこもるのではない（その意味で，治療的介入やサポートを必要とする「ひきこもり」青年とは，はっきり区別される）。

⑤ みんなと同調して一見気持ちや考えを合わせているが，物理的には距離を置き（同調的ひきこもり），それぞれの状況や場面・相手に応じた自分を見せる。しかしいずれも「本当の自分」ではないと（漠然とであれ，意識的にであ

れ）感じている。
⑥同調することも大切なので，流行には強迫的なほどに敏感になり，合わせるが，その中で自分の個性も目立たせたいと思っている（その点で中島の言う「微差化の心理」〔中島，1998年，p.128〕がそこには働いており，また「人と同じ個性」[4]というパラドクシカルな事態が生じることとなる）。
⑦お互いのプライヴァシーに属する事柄に深く関与・介入・詮索しないことを，相手に対する「やさしさ」と考える。大平に拠れば，それは悩みを打ち明け，解決に協力し合うホットな「やさしさ」から，そっとしておいてあげるウォームな"やさしさ"への変質である（大平，1995年参照）。
⑧「仲間」は大切なので気を遣うが，そのソト（ヨソ）には全く無関心である。即ち「仲間以外はみな風景」（宮台真司）と化す。
⑨仲間内で葛藤（衝突）が生じたときは，（自分以外の者も孤立することへの不安をもっていることを知っているから）からだを張った「ケンカ」よりも「シカト系いじめ」（とくに女子）をする。それが相手に最もこたえ，最も「傷つく」やり方であることを知っているのである。
⑩何かに呑み込まれる不安が深層心理としてある。

さて，以上のように10項目に亘って，若者の友人関係のあり方の現代的特徴をまとめてみたが（もちろん，すべての若者がこのようなあり方・スタンスを取るわけではない），次に問われるべきは，このような「若者の友人関係の希薄化」を促した社会的─時代的─心理（心性）的要因としてどのようなことが考えられるのか，別言すれば，この言説を，妥当なものと判断させている根拠として，如何なる現象の出来が想定されるのか，ということである。

このことについて代表的な論者たちの主張を見てみると，まず小此木（1993年〔1980年〕）は，若者に限らず，広く日本人が伝統的日本的な人間関係のあり方を完全には自己否定し切れぬまま，都市化した社会の中で西洋的な個人主義的合理主義的な生き方を身につけていくプロセスにおいて，必然的に生じてきたものとしている。即ち，相手に尽くすことによって相手から評価され尊敬さ

れる，という期待が，意に反して通用せず，裏切られたりするところから，人々は次第にシゾイド的な適応様式——つまり，裏切られても傷つかないスタンス，己のすべてを賭けたりはしないスタンス——へ移行していく。その意味で，小此木の言う「シゾイド人間」の見かけ上の自立的な生き方は，本当に個が自立しているひとの個人主義とは異なり，一体感への願望が強いものの，「ヤマアラシのジレンマ」から自分がなくなってしまう恐怖も強く，その中で何とか自分を保とうとして存立する生き方である。繰り返せば，日本人の基本的な一体化志向，依存性が克服されないままで，今の社会の変化に適応して，無理に個人主義的な負荷を自分にかけていこうとすると，このような対人関係のあり方を生じさせるわけである。

次に千石（千石，1991年及び1994年）は，これに対し，物質的に豊かになり価値観が相対化した現代社会が，別言すれば，あえてギスギスし合う必要のない生活環境の出現が，生活上の危機感を感じることなく互いに助け合うより，楽しみ合う友人関係を可能にした，と見る。かつては重要な人生上の徳目であった「努力」や「自己犠牲」といったものが「ダサい」ものになり，今現在を楽しむコンサマトリーな価値が主流となった。そこに生じるのは，拘束力の強い組織より，アドホックで断片的な集団の中で，表面的な付き合いによって遊ぶ若者の姿である。

社会学者の栗原（1996年）は，今日の閉鎖的なやさしさの生成要因を，70年代にはまだ存在していた「ニューファミリー」の「心情的やさしさ」が，80年代の「ミーイズム」[5]によって，個人個人へと自閉し，しかも社会構造自体が大きく揺らぎ（バブルの崩壊，リストラ），それが，この自閉的なやさしさを後押ししていることに求めている。

最後にもうひとり挙げれば，長く東京大学保健センターで学生のこころの相談に当たった臨床経験から，若者の「対人恐怖」が「ふれ合い恐怖」とでも呼ぶべきものへと変質している（初対面時での恐怖から親睦を深めていく段階での恐怖へ）ことを指摘している山田（1989年）は，その背景として，父性の弱力化，母性の男性化を考えている。即ち，発達の各ステップで，知育のみが優先

され，(本来は父性が教えるべき)葛藤処理能力が学習されていないのみならず，(母―子密着が喧伝される割には)本来母性が果たすべき，エロス的性質が減弱化しているのである。このことは，山田を離れてユング派の用語で言えば，「グレートマザー」のもつ2つの働きのうち，「慈しみ育む」側面が脆弱化し，「呑みこむ」側面が強くなった，と説明できよう。そうすると，本文中に挙げた10項目のうち，最後に記した「何かに呑みこまれる不安」ということに関し，(具体的にはつき合う相手に対する不安だとしても)その背後にあるのは，己の自立を阻もうとするグレートマザーに対する不安，と考えることができる。

　他にも大平(1995年)や和田(1994年)らの精神科医が，若者の友人関係の希薄化についてその原因や背景を分析しているが，いずれにせよ，以上述べた諸分析は，多少の強調点の差はあるにせよ，伝統的で一体化志向の強いわが国の社会のあり方，ひいては対人関係のあり方と，近代化以降，とくに戦後流入してきた合理主義的個人主義的生き方との相剋の中で，身もだえしつつ(あるいは器用に)，他者との対人スタンスを取ろうとする若者の姿を描出している。河合隼雄の顰みにならって言えば(例えば河合，1976年)，そこにあるのは，個人の意見よりも，集団全体のバランスを保つことに主眼を置き，その方向へと圧力が加わる，母性社会的な「場の倫理」と，何よりも自己主張を促進し，理性的な議論を重んじる，西洋的父性社会的な「個の倫理」との葛藤であり，今の若者が後者を好むようになったと雖も，西洋人に比べれば，まだまだはるかに「場の倫理」に基づいており，基本的なところは変化していない(河合，1994年〔1984年〕，p.69及びp.163)。現代の若者はこの両者の相剋に苦しんでいるのである。

　さて，以上のように，「若者の友人関係が希薄化している」と主張する論者たちの主張を見てきたが，それらに対して言いうることとして，第1に，全体にこの「事態」に対して批判的トーンが強いということ，そして第2に，とくに臨床に携わる精神科医たちは，言わば自分の診察室で起こっていることから，(決してそこに来室するまでもない)日本の若者の友人関係のあり方の傾向を一般化して述べるという「病理法[6]」の方法を取っているということ，であ

る。これらの事実に対しては（当然のことながら）次のような批判が想定されよう，即ち，肝心の若者たち自身が自らの友人関係のあり方をどう思っているか，ということ，そしてその一般的実態を知る上でも，経験的な調査によってこのような主張は，補完されねばならないのではないか[7]，ということである。

そしてまさしくこの経験的な調査研究——とくに若者の携帯電話使用をめぐる諸問題の調査——を行っている研究者たちの主張は，興味深いことに，これまで検討してきた言説と対照的な内容を呈示するのである。

第2節　若手メディア論者たちの反論

若者の友人関係が希薄化した，という言説を展開する論者たちは，携帯電話（以下ケータイと表記）の登場・普及によって，一層この希薄化が促進された，と判断している。「引きこもりアイテム」あるいは，住所不定のヴァーチャルな居場所としてのケータイは，「コミュニケーション幻想型引きこもり」（和田，2001年，p.178）さえ生み出しかねないのであり，小此木（2000年，p.294）も又，「一時的・部分的」な若者の関わりという傾向は，メール機能の普及によってますます増大した，と見ている。情報倫理学者の小原（2002年，p.13）は，若者の人間関係は，その親密度において本当は乏しいものであり，どこかよそよそしく，いつ切り捨てられ，リセットされるのかわからないので，なおのことケータイが欠かせなくなっている，と指摘している。その際，このような論調をとる人々は，世代的には中高年層に属する者が多いことが特徴的である。

このような診断に対し，メディア学や社会情報学を専門とする，比較的若い世代の研究者たちが，実証的調査に基づいたデータに依拠して反論を展開している。彼らによると，ケータイの利用はかえって対面（face to face）コミュニケーションを増加させているのであり，普段よく利用する若者ほど，深い付き合いを好み，孤独感が少なく，相手に自分を開示する傾向が高いのである。より詳細には，電話機能は待ち合わせや約束に使われるツール，メール機能はそ

の時々の出来事や気持ちの伝達ツール，という主な使い分けの相違はあるものの，ケータイは「フルタイム・インティメート・コミュニティの道具」（小林，2001年，p.40）として，若者の直接的出会いとコミュニケーションを豊かにしているのである。

　それでは，何故ケータイによる若者の友人関係の希薄化の促進が声高に叫ばれるのであろうか。橋元（1998年）は，この裁定が，3つの誤りに起因している，とする。即ち第1にコーホート[1]効果と年齢層効果の混同（いつの時代にもある「今どきの若者ときたら……」的意識）。第2に分析データの偏り（論者自身と若者〔大抵は教師と学生〕との関係の一般化）[2]。そして第3にマスメディアの影響（その論調が，希薄化論推進的なものばかり），である。そしてこれらのデータや主張を踏まえて，ケータイ的人間関係を，もっとポジティヴに評価しようとこちらの「陣営」の研究者たちは考える。その代表的な主張の1つが，松田（2000年）の「選択的な人間関係論」であった。

　「選択的な人間関係」とは，「番通」つまり発信電話番号表示（ナンバー・ディスプレー）機能と相俟って可能になった人間関係のもち方であり，「番通」によって，かけてきた相手を確認し，応答するかどうか「選択」するように，自らの意思で好きな相手や気の合う相手とつながるものである。それは何らかの興味・関心，そのときのニーズや気分に従って選択的に，かつ主体的に形成される親密な関係であり，逆に又，そこからの離脱からも容易なのだ，とする。それは文脈や局面に応じて使い分けられるが故に，このような関係の仕方を好む若者は，場面に合わせて気軽にスイッチを切り替えることができる「フリッパー志向」（辻〔大介〕，1999年，p.20）的な若者とも言える。

　こういった対人スタイルの若者については，浅野（1999年）が最も説得力のある説明をしている。彼は，1992年〜93年に東京都杉並区と神戸市の若者（16〜30歳）を対象に実施した調査結果を元にして，友人関係のパターンについて3つの要因（因子）を提示している。即ち，

①遠心志向因子：少数の友人より，多方面の友人といろいろ交流する方だ・ひとりの友人との深いつき合いを大事にするというよりは，浅く広くつき合う

方だ。友人の数は比較的多い。
②求心志向因子：友人関係はあっさりしていて，お互いに深入りしない・友人といるより，ひとりでいる方が気持ちが落ち着く・友人と一緒にいても，別々のことをしていることが多い。
③状況志向因子：つき合いの程度に応じて，友人と話す内容は違うことが多い・いろいろな友人とつき合いがあるので，その友人同士はお互いに知り合いではない・ある事柄について，我を忘れて熱中して友人と話すことがよくある。

である。そして第3の「状況志向因子」にとくに着目し，このポイントが高い若者は，複数の自己を使い分ける能力が高く，複数の友人関係を相互に重なり合わないようにこなし，しかしながら，相手に対し別にクールに役割演技をしているわけではない，と分析した上で，今や若者の3分の1が，このタイプに該当する，としている（なお，この浅野と類似したものとして，心理学者の岡田〔2007年〕も，統計処理によって，若者の友人関係が「群れ指向群」「関係回避群」「個別関係群」の3パターンに分けられることを示している〔p.45ff. 及び p.161ff.〕）。

　私見では，「希薄化」論者たちは，浅野のこの分析に従うなら，これらの因子から彼らの抱く理想の若者像にとってネガティヴに見える特徴を，いっしょくたにしてイメージ化しているようにも思える。

　このような若手研究者たちからの反論に対し，「希薄化」論者たちからの（実態調査に基づいた）論駁は，（管見による限りでは）未だなされていない。だが，若手研究者たちの主張に対して（希薄化論者の立場からではなくとも）次のような疑問を呈することは可能であろう。即ち第1に，ケータイ世代の若者が皆，自分の意思で選択できるほどコミュニケーション・スキルに長けている，器用だ（俗っぽく言えば，このような軽い「ノリ」ができる）と言い切れるだろうか。このことに関して松田（2006年，p.13）は，「より積極的な人ほどケータイ利用が多い」「より社交的である人ほど，ケータイをよく利用し，ケータイを使うことで社交性を増す」という事実をはっきり認めている。あるいは，岩田（2007年，p.15）が指摘しているように，器用なケータイ・コミュニケーショ

ンができずに「陶汰」されてしまう若者がいるとしても，それは彼（女）のコミュニケーション・スキルが低いというよりもむしろ，求められるスキルのレベルがどんどん上昇しているということかもしれないのだ。

　そして第2の疑問として，「選択する」という能動性は，相手によっても「選択される」という受動性を併せもたないだろうか。さほど重要な用件でなくても，（ひとによっては）相手からの返信がなかなか来ないだけで気になるものであるのに[3]，自分が選ばれなかったときあるいは「不必要」とされたとき，その孤立感・喪失感は大きいだろう。この「淘汰されたくない」という気持ちから，若者は東京都青少年調査（1995年）で指摘されたように，友人への過剰な配慮・気遣いを見せるのではないだろうか。このことに関連しては，メディア論者の辻（大介）が（ケータイ）メールと「非常に高く関連しているのが孤独耐性のなさ」であり，「見られているかもしれない不安」ではなく「見られていないんじゃないか」という不安へと若者の不安が切り替わってきた（2004年，p.168）と述べている。さらに羽淵（2006年，p.124）は，この辻が剔出した「不安」について，3つの仮説を立てて検討している，即ち，①「出会い」の契機の増大による親密な他者への選択可能性の増大，②自己の代替可能性（＝他のひとにとって代わられること＝筆者注）の増大への不安感，③こういった不安感の表象としての「関係性へのしがみつき」，である。

　もちろん，すべての若者が，このような対人不安的傾向を強めているわけではないであろうが，いずれにせよ，これらの問題に対しさらに明晰な光を当てるためには，ケータイといったコミュニケーション・ツール乃至パーソナル・メディアと，若者のパーソナリティやライフスタイルとの関連性をより詳細に探索することが要請されるだろう。

第3節　媒介のこころみ

　この探索に関して，ここでは（それぞれアプローチの仕方は異なるが）2人の論者の研究成果を挙げておきたい。1つは，すでに言及した橋元（1998年）の

分析（そのデータは元々は総務庁「第3回情報化社会と青少年に関する調査（1997年）」である）。分析結果の要点だけを述べれば，特定のメディアの利用が対人関係と関連をもつことは否定できないということ，そしてその際，ケータイやポケベル——後者は今日ではもはや古いが，分析に忠実に載せておく——をふだんよく利用する者は「深い友人関係」を好み，共感性，批判受容耐性が高いのに対し，テレビゲームの利用者は，共感性，コミュニケーション耐性，批判受容耐性がすべて低いという対照的な傾向が明らかになった，ということ，しかしながら，さらに解析を進めると，「友人関係の深さ」に最も関係するのは性別（女性の方が深い）なのであり，以下，ケータイの利用，ポケベルの利用が関係するということ，そして最後にパーソナル・メディアと性別との関連について付言すれば，テレビゲームは女性より男性，しかも年齢が低い者が利用頻度が高い，ということである。まとめると，ケータイやポケベルの利用者は，コミュニケーションに関連する心理特性において，テレビゲームの利用者（男性に多い）と全く逆の特徴を示し，友人とも深いつき合いを好み，交友関係も広いのであり，しかも彼（女）らの多くは，決して「つながっていないと不安」を抱く人物たちではなく，むしろ外向的で好奇心が強く開放的なパーソナリティの持ち主なのだ[1]，ということなのである。

　以上のような橋元の分析において着目しておくべき事柄は，コミュニケーション・ツール乃至パーソナル・メディアの種別と，若者のコミュニケーションに関わるメンタリティーのタイプ（今の文脈で最も重要なのは，友人との深いつき合いを好むかどうか）との間に相関性があるということ，そしてこのことに対しては第1に性別の問題が析出されてくる，ということである。

　そして次に，精神科医の斎藤環による分析（2001年，2003年及び2007年）である。彼の分析が出色な点は，単に臨床の経験からの病理法的洞察ではなく，積極的に街に出て若者たちに対してディープ・インタビューを行い，それに基づいて展開されていることである。そして彼がこの方法を取ったのは何よりも，これまで巷間に溢れる若者論の多くが，どのようなものであれ，極めて一面的に若者を捉えているように思われることであった。これに対して彼は，現代の

若者が大きく2つの傾向に二極分化してきていると言う（もっともそれは静的な分類ではなく，両者の共存や相互移行さえありうるが）。その2つを彼は，「ひきこもり系」及び「じぶん探し系」と呼ぶが，ここで着目すべきは，ケータイの急速な普及がこの両極化を促進した，と見ている点である。斎藤の分析に従い，この2つを対比的に特徴づけると，まず「ひきこもり系」とは「文字通り自室にひきこもる若者から，社会参加はしているものの，他人と交わるよりは自分の世界を追求しているほうが好きな若者まで広く含まれ」(2003年, p.16)るものである。これに対し「じぶん探し系」とは，一般にコミュニケーションが巧みで友人が多く，行動的で活発な若者であり，ケータイなしでは生きていけないほどそれに依存し，常に誰かとつながっていることを求めている者である。両者の特徴をより詳細に対比すると，図表8-1のように示される。

図表8-1 「ひきこもり系」と「じぶん探し系」の対比

ひきこもり系		じぶん探し系
低い	コミュニケーション能力	高い
少ない	友人の数	多い
安定	自己イメージ	不安定
自分自身との関係	自信のよりどころ	仲間との関係
インターネット	親和性の高いメディア	携帯電話
高い	一人でいられる能力	低い
シゾイド人格障害	精神障害との関連性[2]	境界性人格障害
社会的ひきこもり		解離性障害
対人恐怖症		摂食障害

(斎藤，2007年, p.75)

筆者注：「精神障害との関連性」のところに付した註番号[2]は，筆者が加えたものである。

再度強調することになるが，今の若者が「徹底した遮断あるいは徹底した融合へと二極分化しつつある」のは「携帯の普及によって」(2001年, p.168)なのである。ここで「徹底した融合」とされる方向にあるのは，もちろん「じぶん探し系」の若者であるが，そこにおけるケータイ的間主観性において重要なの

は,「ノリ」と「勢い」であると斎藤はまとめている。

斎藤は,この2つの若者のタイプと性別の関係については言及していないが,両者の病理的状態像について考えれば,周知の通り「社会的ひきこもり」は男性に多く,「境界性人格障害」や「摂食障害」は女性に多い。それ故,ケータイを手放せず徹底して融合を志向する若者は女性に多いのではないか,ということは想像に難くない。そしてこの点において,橋元と斎藤の分析の接点が見えてくるのである。

また千石によると,高校生に関して言うと,女子は男子よりかなり突っ込んだつき合いをしており,「人間関係深入り型」とでも呼ぶべきライフスタイルをしている,とかなり以前から指摘されうる（千石,1991年,p.86及びp.106）そうであるし,また中学生に関しても,女子の方が男子より「元気がある」という指摘が,河地（2003年,p.205ff.）によって,世界4都市調査の結果に基づいてなされている[3]。この「みんな一緒」の「元気のよさ」が,上述した「ノリ」と「勢い」を女の子にもたらしているのか,それとも宮台（1998年）の言うように,「女の子」の方が「永久に輝くことのない終わりなき日常」を「まったり生きる知恵」を身につけていることが,それをもたらしているのか（それとも全く別の要因があるのか）はここではペンディングとしておきたい。むしろ指摘しておくべきことは,このような「見かけ上」の「勢いのよさ」「元気さ」の深層に,「自己イメージ」の不安定さや,時には解離状態さえもたらしかねないような,自我の脆さ,危うさが存在しはしないか,と考えておくことだろう。いずれにせよ,コミュニケーション・ツールあるいはパーソナル・メディアと性別との関係,そしてまたこの事実に表われていることの意味は,アイデンティティーの捉え方の性差（本書第6章第2節参照）や自己評価の仕方の性差（本書第9章第1節参照）という,より広い枠組の中で論ぜられるべきだと考えられる。

さて,以上のように我々は「若者の友人関係が希薄化している」という言説について,まさに現代の若者ヴァージョンの「ヤマアラシのジレンマ」という観点から追跡してきた。結論として言いうることは,「希薄化」論者たちの主

張——第1節で箇条書きしたそれら——は，若者のメンタリティーの一面を拡大して見ているか，あるいは異なった性質のもののコングラマリットを呈示しているという印象を免れない，ということである。もっともこのことは，彼らの特徴づけのそれぞれが正鵠をえていない，ということではない。また，ある意味では彼らに対するアンチポーデとして出てきた「選択的関係論」者もまた，ケータイを使いこなす器用な，ポジティヴで外向的な，可変的状況にうまく対応できる若者たち（しかもその表面）のみを見ている感がある。おそらく両者は，「ヤマアラシのジレンマ」を１つのスペクトルとしたとき，その両端近くをそれぞれに浮き彫りにしてくれているように思われる。その一端には（単なる心理的にとどまらぬ）社会的ひきこもり群——他者との関わりを一切避ける——が存在し，そして他の一端には，常に誰かとつながっていたい「みんなと同じ個性」群——女性に多い——が存在する。そしてその中間に，（程度の差はあれ）「同調的ひきこもり」と呼ばれうる若者たちが浮動しつつ存在しているのだろう。

　だが，「希薄化論」者と「選択的関係論」者に共通の洞察もあり，そしてそれこそが今日の若者——ひいては今後の日本社会のあり方——を考える上で最も重要な問題であると筆者は考える。即ち「見知らぬ他者の不在」あるいは「ヨソに対する無関心化」である。この傾向は，ひきこもる若者については言うまでもないが，ケータイに依存しつつ選択的人間関係を展開する若者にも当てはまる。ケータイが気心の知れた仲間とのみのつき合いを可能にする限り，予想外の見知らぬ他者との関わりを閉じてしまう。コミュニケーションをうまく取れる範囲が狭まり，排他的でローカルになる（そしてこのことは選択的人間関係の欠点として，その主導者である松田自身も認めている〔松田，2002年，p.223〕のである）。そこに生じるのは（上述したように）仲間(4)以外は皆風景（ソト）と化し，仲間には過剰に配慮し，その空気に合わせようとするが，見知らぬどうでもよい他者には無関心な「若者の法則」（香山，2002年）である。しかし，新たな価値観や人生観の模索に手がかりを与えるのも，そして又，「本当の自分らしさ」の実感への機会を与えるのも，そのような，他者との「出会い」の

体験ではなかろうか。もちろんそのような「出会い」が（比喩的な意味でも）トラウマ的なものになる可能性もあろう[5]。しかしこのような出会いにおける葛藤とその克服（和解）を体験することこそが，現代の若者に与えられなくなってしまった「イニシエーション（大人への通過儀礼）」の機会になりうるのではないか。そしてその際，（今はまだ）ひきこもり気味の若者の脆弱な自我を守る殻となっているインターネットや，仲間同士をつなぐ母性的「臍帯」になっているケータイといったパーソナル・メディアやコミュニケーション・ツールが，如何なる新たな可能性を提示しつつその機会に貢献するかは，現在のところ未知数と言わねばならない。

第9章
「自尊心」について

第1節 「自尊心」の諸特徴[1]

(1) 自尊心とは，英語の"self-esteem"の訳語であり，手元にある心理学辞典（誠信書房）には「自己に対して好意的な評価を行なうことを自尊心，自己尊重という。（中略）精神分析的には，自我が超自我から罰を加えられるおそれもなく，超自我から見捨てられる心配もなく調和を保っている状態」(1990年，p.182) とある。研究者によっては，自尊心という言葉以外に，自尊感，自尊感情，自己評価，あるいはそのままカタカナで「セルフ・エスティーム」と表現している人々もいて，統一されていない[2]（また自尊心の近似語は自信やプライドであると言える）。この章ではいずれの訳語も同意語として使用していくこととする。

(2) 自尊心は，生きていく上での心理的な土台として不可欠である。

(3) 自尊心には，それを支える根拠（その根拠は，加齢や，人生の段階によって変化していくことが多いが——例えば，学校の成績，ルックス，仕事の上での業績，社会的地位，財力あるいは〔特殊かもしれないが〕わが子が成績優秀でご近所に対して鼻が高いこと）があるが，それが何であるかは今述べたようにひとによりさまざまである。

(4) しかし，その根拠が事実に基づかず，幻想 (illusion) 的・妄想 (delusion) 的な場合もある。その場合はもろく傷つきやすいものとなり，時に病的なものになる。「人生の不幸の原因はそのひとの劣等コンプレックスにある」という主張をモットーにした A. アドラー的に言えば，劣等感の補償として過大な自尊心をもつ人物もいるだろうし，またうぬぼれは，うつ病的な傾向に対

する防御ということになる。

　幻想は誰しも抱くことがあって，その自覚があれば健常であろうが，妄想は病的と言ってよい。自尊心との関係で言えば「誇大妄想」がとくに問題となろう。歴史上の独裁者は皆，誇大妄想の持ち主だったと言ってもよいだろうが，わが国の精神医学界で有名な症例と言えば，症例Aであろう。Aという人物は東京都（府）立S病院及びM病院に合計56年間入院した患者で，「将軍」と自ら名のり，大礼服を着用し，見学者から謁見料を取っていたという。1937年87歳で死亡した[3]。

　(5)　自尊心は，幼少期からのさまざまな活動や，与えられた課題をどの程度うまくやれたかという，成功・失敗体験の積み重ね，及び周りのひと（とくに自分にとって重要な人物——最も原初的には母親的人物）にどの程度評価されたかという，承認・否認体験の積み重ねから形成される。

　(6)　自尊心が低いと，例えば自己主張ができなかったり，自分の考えを誰かに述べても相手から反論されるとすぐに撤回したり，自分に自信がないので，反抗しない（むしろ反抗できない）所謂「相手のお気に召すまま」の人間になったりする。ところが，このことが親や教師には（とくにわが国では）「いい子」と評価されることがある。

　またそれとは逆に「自我の防衛機制」（メカニズム）の1つである「反動形成」を用いて，自分の能力や業績を過度に吹聴し，いばり，見栄をはったり，他人を見くびったりする態度に出るひともいる。

　(7)　自尊心の高低は，以下の2つの要因から（あるいはそれらが相合わさって）規定されてくると言える。

　第1に，理想的な自己イメージ（精神分析で言う「自我理想〔ego ideal〕」）に照らして，現状の自分を反省してみることに由来していること。それによって例えば（高い方から言えば）「自己満足」「自己肯定」「自己受容」「自己不信」「自己嫌悪」「自己卑下」「自己否定」などといったような感情が生じてくる。

　そして第2に，他者（身近な他者のこともあるし，想像上の他者のこともある）との比較[4]や他者による受容に由来していること。他者との比較（と言って

も，ルックスなどは多分に主観的なものであるが）によって「自分の方が勝っている」と優越感を感じたときは，嬉しい感情が生じるが，他方で「うさぎとかめ」の「うさぎ」になりたくないなら，自尊心を維持・防衛するためにますます努力することを要求されることになる。また「負けた」と劣等感を味わわされた者は，「くやしい」という感情が生じるが，「負けたくない，勝ちたい」という向上心の持ち主でないと「リベンジ」へのモチベーションが生じてこない。そうでない限り，「私なんかこんなものさ」という劣等感に捕われ続けることになるだろう。

また周りの身近な他者から受容されていると感じているか否かも，自尊心の高低に影響を与える。自分は周りの人たち（例えばクラスメート）から「受け入れられている，好かれている」と実感できるひとは，自尊心が高くなり，他者たちとの融合感を感じることができるが，自分は周りの人たちから「受け入れられていない，嫌われている」と感じるひとは，自尊心が低くなり，他者たちからの疎外感，孤独感に陥っていくのである。

(8) このことは，後述することと関係してくることなのだが，あくまで一般的に言って（とくに青少年期の）男性は，他者との比較によって勝つことが自尊心を高める要因になるのに対し，女性は，周りの人たちから受容され，好かれているということが自尊心を高める要因になる（それ故，——急に話が変わるように思えるかもしれないが——「いじめ」において，男子は「暴力型いじめ」を好むのであり，「力量の差」を思い知らしめて，いじめられている本人のプライドをずたずたにすることに快感を感じるのに対し，女子は所謂「シカト型」いじめを好み，クラスの女子みんなでひとりの女生徒を無視し，蔭に日なたに彼女をあざ笑う快感に酔いしれるが，当の本人は，死にたいほどの気持ちになる虞が多分にあるであろう）。

(9) あるひと（もちろん自分自身でもよい）の自尊心がどの位高いか低いかを，定式化したり，尺度によってできるだけ客観的に調べたりしてみようという企ては，古くから存在している。おそらく最も古い公式は，W. ジェームズによる図表9-1（1890年）の公式であろう。

第9章 「自尊心」について

図表9-1　W. ジェームズによる「自尊心」の公式（1890年）

$$自尊心 = \frac{成功}{願望}$$

　この公式に関して遠藤（1992年，p.12）は，次のように説明している。「この公式は，われわれの成功を一定の行動領域に対するわれわれの願望（要求）に対して測定している。しかし，その成功が自分にとって『価値のある』領域でなければ，自尊心が高い値をとらないことを示している。また，成功と願望との間に大きな差があるなら，われわれは，われわれ自身を貧弱に考え，自尊心は低い値となることを示している」。

　たしかに，この公式は，自尊心というものを簡単明瞭に示したものと言えるだろう。しかし，それだけに筆者には，この公式は問題も孕んでいると思えるのである。それは何故かと言うと，願望に関してそれがどのような類の願望か，という規制が加えられていないからであり，例えば反社会的あるいは反道徳的な願望も含めうるからである。例を挙げれば，ある学生が「テストでカンニングしてでもいい点を取りたい」という願望を抱いたとして，その通りカンニングを行い良い得点を得ることに成功したとする。当座は嬉しいかもしれないが，あくまでだがまともな良心を持ち合わせているなら，この学生はやがて「ずるいことをしてしまった」という良心（超自我）の呵責に襲われて「自己嫌悪」を感じることとなる。そうすると，彼の自尊心は高まるどころか，かなり低下するだろう（もちろん，平然とし続けるひともいるだろうが，その場合は，そもそもそのひとの「人間性」に問題があると言わざるをえない）。

　自尊心の高低を測定する尺度で，最も信頼が置かれ，またポピュラーに使用されるのは，M. ローゼンバーグの「自尊感情尺度」（1965年）であろう。ここでは，ローゼンバーグの原版を，山本・松井・山成が邦訳したものに，さらに清水が解説を加えたものを図表9-2として紹介させて頂くこととする（ただし，筆者が一部省略させて頂いたり，叙述の順番を変更させて頂いたりしたところがあることをお断りしておく）。

図表9-2　ローゼンバーグの「自尊感情の尺度」

教　示
　次の特徴のおのおのについて，あなた自身にどの程度あてはまるかをお答え下さい。他からどう見られているかではなく，あなたが，あなた自身をどのように思っているかを，ありのままにお答え下さい。

選択肢
　あてはまる…5，ややあてはまる…4，どちらともいえない…3，ややあてはまらない…2，あてはまらない…1

項　目

	あてはまる 5	ややあてはまる 4	どちらともいえない 3	ややあてはまらない 2	あてはまらない 1
1．少なくとも人並みには，価値のある人間である。					
2．色々な良い素質をもっている。					
3．敗北者だと思うことがよくある。					
4．物事を人並みには，うまくやれる。					
5．自分には，自慢できるところがあまりない。					
6．自分に対して肯定的である。					
7．だいたいにおいて，自分に満足している。					
8．もっと自分自身を尊敬できるようになりたい。					
9．自分は全くだめな人間だと思うことがある。					
10．何かにつけて，自分は役に立たない人間だと思う。					

採点方法
　あてはまる…5点，ややあてはまらない…4点，どちらともいえない…3点，ややあてはまらない…2点，あてはまらない…1点として10項目の評定を単純加算する。ただし，逆転項目は，5点←→1点，4点←→2点に換算してから（3点はそのまま）加算する。得点可能範囲は，10点から50点までである。

(清水，2001年，p.30f.より作成)

筆者註：採点の際の逆転項目は，項目3，5，8，9，10である。

164　第9章 「自尊心」について

第2節　現代日本人（とくに青少年）の自尊心の低さ

　さて，前節の最後に掲載した，ローゼンバーグの「自己感情」尺度を自らやってみたひともいるかもしれないが，高田は，その著作（2004年，p.190）において，ヨーロッパ系カナダ人の大学生1402名と日本人大学生1657名に対してこの尺度を実施〔元来は Heine et al. が1999年に実施したのを再録したものであるが〕した結果を紹介している。その結果は図表9-3のようになった。

図表9-3　「自尊感情」尺度の分布の差異

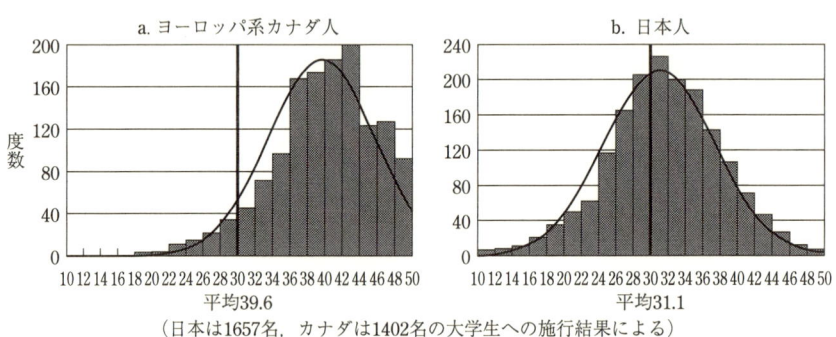

a. ヨーロッパ系カナダ人　　平均39.6
b. 日本人　　平均31.1
（日本は1657名，カナダは1402名の大学生への施行結果による）

（高田，2004年，p.190より作成）

　まさに一目瞭然でヨーロッパ系カナダ人の大学生の方が平均的に自尊心が高いことがわかる。逆に日本人大学生の方が低いことがわかる（何か分布図としては日本人大学生の方が美しい感じがするが，そんなことは問題ではない）。何故このような相違が生じるのか，その要因は何なのであろうか。
　東（1994年，p. 97ff.）は，「自分や身内について消極的に話す傾向」という見出しの下に，以下のように書いている。少々長くなるが（所々省略させて頂くが）引用してみる。「……アメリカの心理学者スティーヴンソン（Stevenson, H.）が日本の北村晴朗らと協力して，日本（仙台）……アメリカ（ミネアポリス）の子どもたちの，綿密な学力比較を行なってきた。その一部として，母親

が子どもの学力をどのように評価しているかを調べたところ，アメリカの母親はわが子の学力を……高く評価し，日本の母親は……低く評価した。父親でも同様だった。そこで子ども（小学5年生）自身の自己評価を求めたところ，そこでも日本の自己評価が……低かった。いろいろな領域での日米の子どもの自己評価を示す（図表9-4参照―筆者注）。すべてにわたって日本の子どもの方が自分を低く評価している。ところが実際のテスト成績の示すところでは日本の方が劣ることはない。テスト成績では，算数では日本の方がはるかに高く国語では差はなかったのに，自己評価させると低くなるのである。」

図表9-4　日米の小学校5年生の学力・能力自己評価
（7点法による75名の平均値）

	頭のよさ	成績	算数	読み	潜在能力
日　本	4.0	3.9	4.2	4.2	4.8
アメリカ	4.9	4.6	5.0	4.8	5.7

(東, 1994年, p. 98)

　さらに東から引用を続けよう。「北村の示すこれらの資料は，日常の観察からもうなずける。日本人は自分や自分の身内について人に話すとき，よいことは控え目に，否定的な方に傾かせながら話す傾向がある。……『私はとてもうまくいっている』と言えば，それだけで他の者には脅威を与えることになる。自慢や誇示は，その分け前にあずかれる身内以外に対しては，攻撃的な性質を帯びる。それで，直接的な利害に関係ないようなときでも，自慢や誇示ととられそうな言い方は避けるのが，人とのつき合いのエチケットとなる。さらには人を相手にくらべるときでなくても，自分の評価は控え目に慎重にするようになる。」

　たしかに，筆者が本書の第2章第1節で河合隼雄の主張に即して述べたように，「母性原理」従って又「場の倫理」の方が（「父性原理」従って又「個の論理」より）強く働いている集団（広くは国）においては，個人のずば抜けた能力の発揮などによって「場」のバランスをくずすことは忌み嫌われる。だからできるだけ目立たないようにする「謙虚さ」が，その場の内でうまくやっていくには必要になる。そして又，先に引用した高田も，「自分を誇らず謙遜に振

166　第9章 「自尊心」について

る舞うことが望ましいという『謙譲の美徳』のような社会的規範――謙譲規範が，日本あるいは中国など一般に東アジア文化では浸透している。日本人の自己卑下的傾向は，そのような規範が作用する結果としての，公的場合での自己呈示に係わる問題であり，自己の認識自体には自己高揚（自己卑下の反対語として高田は用いている――筆者注）的志向がある，とする見解や知見も多い」（高田，2004年，p.191）と報告している。

それ故，青少年に限らず日本人には，（内心ではともかく）他人に対してや，測定テストなどにおいて自尊心が低くなるということが1つの要因であることは確かであろう。しかし，日本の青少年の自尊心の低さの要因はそれだけではない。

因みに，年齢が上がるにつれて，日本の青少年の自尊心が上昇するかどうかを考えたとき，その実態はどうか，は図表9-5の河地（2005年，p.61）による

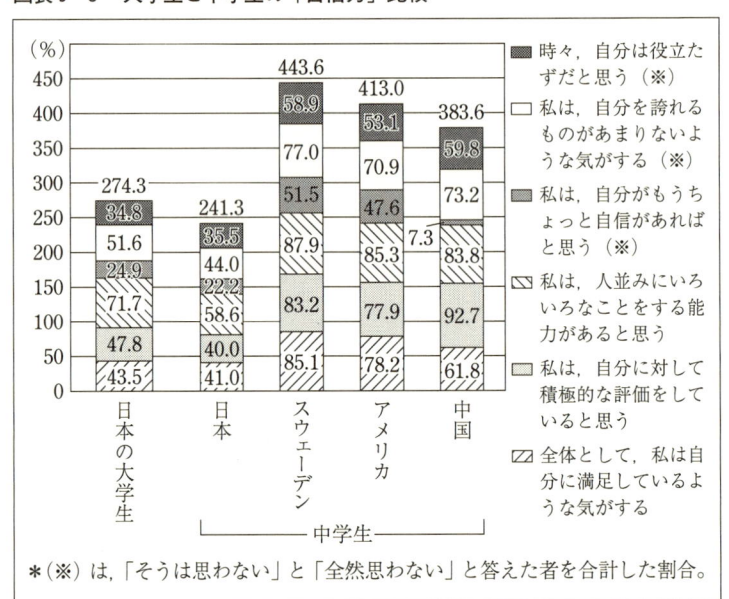

図表9-5　大学生と中学生の「自信力」比較

	日本の大学生	日本	スウェーデン	アメリカ	中国
合計	274.3	241.3	443.6	413.0	383.6
時々，自分は役立たずだと思う（※）	34.8	35.5	58.9	53.1	59.8
私は，自分を誇れるものがあまりないような気がする（※）	51.6	44.0	77.0	70.9	73.2
私は，自分がもうちょっと自信があればと思う（※）	24.9	22.2	51.5	47.6	7.3
私は，人並みにいろいろなことをする能力があると思う	71.7	58.6	87.9	85.3	83.8
私は，自分に対して積極的な評価をしていると思う	47.8	40.0	83.2	77.9	92.7
全体として，私は自分に満足しているような気がする	43.5	41.0	85.1	78.2	61.8

＊（※）は，「そうは思わない」と「全然思わない」と答えた者を合計した割合。

（河地，2005年，p.61より）

調査が手がかりを与えてくれる。日本の大学生〔首都圏〕は，同じ日本の中学生よりは，若干「自信力」を上げるものの，他の3つの国の中学生よりもはるかに自信力をもっていないと感じていることがわかる。

　小児科医であるとともに児童精神科医でもある古荘（2009年）は，「子ども用のQOL尺度」（QOLとは，Quality of Life の略であり，「生活の質」，「生存の質」などと訳されているが，彼が定義するには「子どもの主観的な心身両面からの健康度・生活全体の満足度」（同書, p. 60）ということである）を作成し，QOLを調べるために，次の6つの下位領域，即ち「身体的健康度」「情緒的ウェルビーイング（＝精神的な健康度）」「自尊感情」「家族」「友だち」「学校生活」を設定し，それぞれにさらに4つずつの質問項目が用意され，合計24項目の質問に対し，子どもたち自身に5段階評価させた。得点化のためにそれぞれの下位領域を100点満点とし，さらにそれらの合計を6で割って（つまり平均化して）QOL総得点としている。日本の小学生と中学生の結果は，図表9-6及び図表9-7のようになった。

　本章のテーマである自尊感情について見ると，驚くべきことがわかる。小中学生ともに学年が進むごとに，「見事」に自尊心（自尊感情）が下り階段のように落ちていく（中学生に至っては，全項目で落ちていく）という事実である。しかも自尊感情は，他の5項目に比べてかなり低いということである。そして先程の図表9-5の河地と合わせて考えると，大学生になっても，（自尊感情と自信力を大体同じ意味と考えれば）さほど変化はないということである。

　こういう結果を生む要因は，さまざまであろうが，明らかに推測できるのは，学校（学級）の授業の仕方が，子どもに対し自信をもたせるどころか，逆に「僕（私）は駄目だ」と自己評価させるようなやり方をとっている，ということだろう[1]。あるいは（又は）そして，親が，子どもの（例えばテストの点数の）評価に対し，「ほめる」よりも，「叱る」態度を取り続けているということがあるのではなかろうか。古荘は次のように普段診ている子どもたちからの印象を述べている。「日本の子どもたちは学校で感じるストレスが非常に強く，親は自分の悩みを何も理解してくれないと感じている」（古荘, 2009年, p.86）。

168　第9章　「自尊心」について

図表9-6　小学生の学年別QOL得点と6下位領域得点の平均値

（古荘純一『日本の子どもの自尊感情はなぜ低いのか』光文社，2009年，p.69）

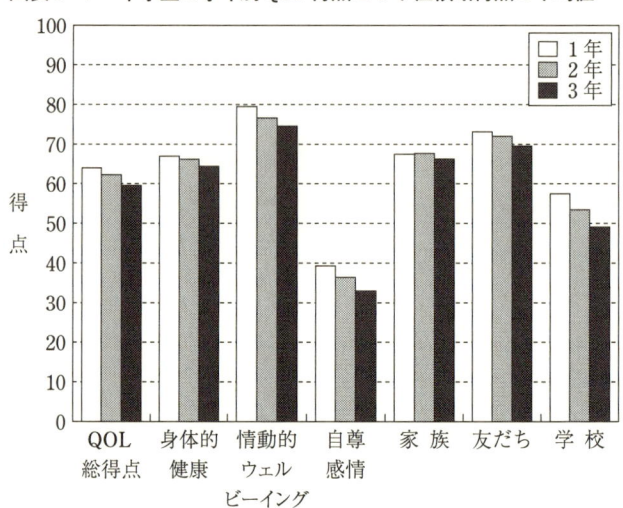

図表9-7　中学生の学年別QOL得点と6下位領域得点の平均値

（同，p.73）

第3節　自尊心を高めるために自分自身でこころ懸けること

　第2節で見たように，現代日本の青少年の自尊心は決して高いものとは言えず，むしろ主要国と比較してみても異様に低いと考えられる。そしてその要因は日本の伝統的な慣習や教育のあり方，さらには自己の捉え方などさまざまな事柄が絡んでいることがわかる。

　しかしこの事態に手をこまねいているわけにはいかない。筆者には，これらさまざまな要因について何ら提言をする力はないが，個人レベルで「自分は駄目だ」と悲観的に生きているひとに対して，アドヴァイスはできる，少なくとも自尊心を高めるための手がかりくらいは――同じく自分自身，自尊心が決して高くはない者として――自戒を込めて言いきかせることはできる，と考えている。以下，それを箇条書きで述べてみたい。

　(1)　いつもマイナスの自己イメージをもちつつ，自分にそういう暗示（「私は駄目な奴だ」）を与えていると，ますますそうなっていくという悪循環に陥り，やがて「過度の一般化（overgeneralization）」，つまり少数の失敗体験・失意体験・自己嫌悪したことなどから得た印象や認識を広く一般化してしまい，非合理的な信念を作り出してしまうことになる（「どうせ私なんて何をやってもうまくいったためしがない」）。だからそれに気づき断ち切ることが必要だ，ということ。

　(2)　（このことは，第1節の(8)で書いたことから女性にとくに言いたいのだが）あなた自身の性格や能力について，他人の評価に振り回されている限り，自信は生まれず，いつも不安にさいなまれてしまうということを自覚すること。大体ひとは，ちょっとした印象で「(例えば)彼女って怒りっぽいね」と決めつけてしまう生き物なのだ（あなた自身，他のひとに関してささいな出来事から，そのひとについて「性格がわるいひと」とそれこそ「過度の一般化」をしたことがないか反省してみよう）。他人の評価は変えられなくても，その評価をそのまま受け入れる必要はない。そのひとは，あなたへの妬みから，あるいは本人も気づか

ぬ反感からあなたを低く評価しているのかもしれないのだ。それ故アドヴァイスとして言えることは「(その評価に耳を傾ける値打ちのある)他人を選ぼう」ということである。これは，少数のひととのみつき合え，ということでもないし，また自分に対して好意的なことばかりを言ってくれるひとだけとつき合え，ということでもない。本当にあなたのことを思ってくれるひと，時には励ましたり慰めたりしてくれ，時には遠慮なく忠告してくれるひとを作ろう，ということである。

(3) 日本人はえてして，高い自己評価（プライド）をもつこと＝謙虚でないこと，と考えてしまい（「謙虚は美徳」という固定観念），それをセーヴしてしまう。だが筆者が思うには，そのような「謙虚さ」は「偽りの謙虚さ」である。即ち，それは「出る杭は打たれる」という，周りからの妬みに対する自己防衛であるか，あるいは謙虚に見せることによって本当は良く評価されたい，という深層の願望の表れである。

これに対して「本当の謙虚さ」とは，自分の実情を事実に即してありのままに認め，それなりにいいところも嫌なところもあることを素直に認めることである。「本当の謙虚さ」は自己評価の高さと一致する。高い自己評価は自信過剰とは違う。このような「本当の謙虚さ」に基づく「自己肯定」「自己受容」をこころ懸けよう。

(4) "I am OK"と言える自己能力感（私はできる）と自己価値感（私の存在には意味がある）を育てること。そしてそのためには，ポジティヴな自己イメージを自分に語りかけることによって少しずつ循環させ，自信をもっていくことが大切である。(1)と(4)で言ったことと似たようなことを，フランスの精神科医である Ch. アンドレ＆ F. ルロールは，図表9-8のように図示しているので(2000年，p.309)引用してみよう。

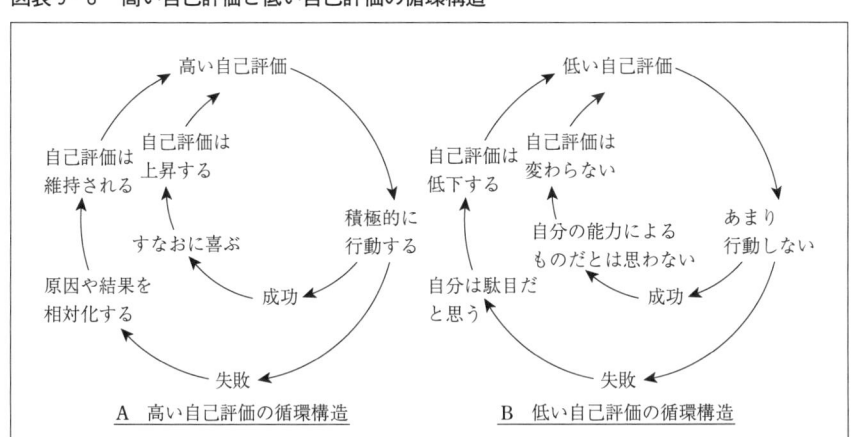

第3節　自尊心を高めるために自分自身でこころ懸けること　171

図表9-8　高い自己評価と低い自己評価の循環構造

```
      高い自己評価                          低い自己評価
    ↗         ↘                          ↗         ↘
自己評価は   自己評価は                 自己評価は   自己評価は
維持される   上昇する                   低下する    変わらない
  ↑                ↘                      ↓              ↘
         積極的に                              自分の能力による   あまり
  すなおに喜ぶ  行動する                        ものだとは思わない  行動しない
  ↑                ↓                   自分は駄目だ        ↓
原因や結果を        成功                  と思う          成功
相対化する    ↑                             ↑         ↙
    ↖    失敗 ←                            失敗 ←
  A  高い自己評価の循環構造          B  低い自己評価の循環構造
```

(Ch. アンドレ&F. ルロール，2000年，p.309より)

(5)　また同時に，"You are OK"という，他者の肯定，承認，受容を卑屈からでも追従からでもなくできるようになりたい，と思うこと。ひとは，お互いにありのままを認め合うことでお互いの評価も変わり，お互いが共感し合いながら自尊心を高めていけるのである。

第10章
「影」について

第1節 「ペルソナ」と「影」

1．「ペルソナ」及びそれとの同化

　本章では，ユング心理学のキータームである，「影（shadow, Schatten）」という言葉を用いて，（筆者も含めて）各自の自己理解を深めると共に広げることを目的としたい。その際にはとくにユングの高弟であったE. ノイマン（彼の名は，すでに第3章第1節・第2節で登場させたが）の著書である『深層心理学と新しい倫理』（1987年〔原著が書かれたのは1948年〕）の主張に主に依拠したいと考えている。

　ただ原著が書かれた年からわかるように，この書の目的は——直接には述べていないが——何故「第2次世界大戦」や，とりわけ「ホロコースト」のような蛮行が行われてしまったかの分析（彼はユダヤ人であったが，ホロコーストの犠牲者になることは免れた）と，このような惨禍を人類が二度と犯さないようにするにはどうすればよいかについての提案にある。しかし本章では，本書の目的に基づいて，自己理解を深めるための有効な手がかりとして，ノイマンのこの書物を参考にしたいと考えている。

　さて，ノイマンは，従来のさまざまな伝統的倫理は，善悪2元論の立場に立って，「なすべきこと」とされる価値の絶対化＝完全性という理想（それは歴史上の聖者・賢者・英雄などを模範とする）の実現を目的としている（あるいは，していた）と主張する。そしてこの「完全性の理想」の実現は，各自の内なるそれに背く否定的傾向を一切己から排除することによって可能になると考えられている。

ノイマンとは別の角度から筆者が説明するならば，私たちが自分が属する社会（あるいは集団）の中で適応的に生きていくためには，それが（はっきりとであれ暗黙裡にであれ）要請してくる規範を身につけ，それに従って行動をしなければならない。ましてやその社会（集団）から評価され，そこにおいて成功したいなら，進んでそうするであろう。とくに向上心のある者なら，その社会（集団）の理念を自らの「理想」とし，それに背くような欠点のない「よい人間」になろうと努力するであろう。

　このようにして，私たちの意識的「自我[1]」は，自分が属する社会（集団）――以下ではこれを「集合的なもの」と呼ぶこととする――が肯定する価値との同化を目指すようになり，このことがユング心理学の言う「ペルソナ（persona）」を形成することとなるのである。

　「ペルソナ」とはラテン語であり，元来は古典劇で顔につける仮面のことである。そして又，英語の"person"や"personality"の語源となった言葉である。

　そもそも個人の意識の発達は，「集合的なもの」の力や示唆に支えられ，促されて可能になるが故，自我はその価値観を己のものとして受け入れる。そしてやがて己の内なる「良心」となる（この経緯は，フロイトの主張する「超自我」の形成と同じである）。そしてそれにより個人は，世の中の価値に自分を合わせることができ，「集合的なもの」の習慣や秩序の存立が可能となる。教育とは，何よりもまず，こうした「ペルソナ」の形成へと個人を向かわせることに力を行使する。

　こうして自我は，「集合的なもの」の価値・理念との合致を目指す「ペルソナ」との同化に成功した度合に応じて，その「集合的なもの」から「倫理的（いい子，いいひと，模範生徒など）」という評価を受けることになる。

2．「影」の形成

　しかしながら既述したように，「倫理的」なものとして生きていくことを妨げる，己の内なる「否定的傾向」を一切排除していくことによって，このこと

は可能になるのである。この「否定的傾向」とは，例えば性衝動・憎しみ・(「集合的なもの」への）攻撃心や反抗心である。このような倫理的価値に背くような人格の内の性質を排除するために，個人が用いるのが「抑圧」である。この抑圧によって，「集合的なもの」の価値に背く性質は，意識から断ち切られて，自我がもはや気づかない「無意識的なもの」「忘れ去られたもの」に化していく。

だが，すでにフロイトが洞察したように，この「否定的部分」は，それによって決して消失したわけではない。むしろ意識的自我とは全く無関係に，無意識において活動し続ける。この無意識のままにとどまって抑圧された否定的部分を，ユングは「影」と名づけたのである。「良心」として「集合的なもの」の理想を表示している「ペルソナ」によって排除された人格の部分は，無意識へと抑圧・追放され，人格の内の暗い闇，つまり「影」と化していくわけである。それ故ひとのこころにおいて，（「集合的なもの」から見て）肯定的な価値との同化（「ペルソナ」の形成）と，それに合致しえない「影」の形成とは，同一の出来事の2つの側面なのである。

「影」とは端的に言えば，自分が「そうなりたいという願望を抱くことのないもの」(A. サミュエルズ編，1993年，p.30）である。ユング自身から引用すれば「影は，自我人格の全体を挑発する道徳的問題である。なぜなら，少なからざる道徳的な判断力がないと，影を認めることはできないからである。影を認めるということは，なんといっても個人の人格の暗い面が厳然として実在しているのを承認することにほかならない。そのような行為はあらゆる種類の自己認識にとって欠くことのできない基盤であり，そのためにふつうかなりの抵抗に出会う。」(C. G. ユング& M-L. フォン・フランツ，1990年，p.21）。

日本ユング派の河合が述べているように，「『影』には『個人的影』と『普遍的（＝集合的〔筆者付加〕）影』が存在する。そして『普遍的影』とはまさに悪そのものである。人類が共通にその影とするものである。」（河合，1987年，p.47）。

「高貴で，親切で，善良であれ」といった「古い倫理」（ノイマン）によって，

闇へと押しやられた人格の部分，即ち「影」は，先程も言ったように，決して消滅したわけではない。（集合的価値と同化している）意識的自我が，ふとしたときにこの「影」を自覚すると，不安や罪悪感となって感じられる。それ故そのときは，意識的であれ無意識的であれ，より強く「影」を抑圧し，自分にはそんなものはないと思い込むことができる。しかし「影」はそうされると，ますます無意識において強く増殖し，何度も不安や罪悪感を自我に感じさせる。言わばこのくり返しである。

3．「影」の「投影」

多くのひとは，大抵己の「影」を自分（たち）以外の者に「投影[2]」することによって，この問題を解決する。即ち，否定的側面を自ら受け入れることなく，他者がその否定的側面を有しているのだ，とすり替えて知覚するのである。再びユングから引用してみよう。「通常このような抵抗（＝「影」の認識への抵抗〔筆者による付加〕）は投影と結びついており，その投影は投影だとは認められないで，投影を認めるのはいわばけたはずれの道徳的偉業に等しい。……客観的な観察者にとっては，それが投影であることは明々白々かもしれない。ところが，これらの投影を当の主体がみずから見抜くだろうという望みは，ほとんどない。」（ユング，前掲書，p.22）。

こうして「スケープゴート」（身代わりに罪を負わされる者）が誕生する。このスケープゴートを否定的価値の体現者と見立て，その人物（たち）を憎悪し，痛みつけ，さらには滅ぼすことによって，不安や罪悪感から己を解放しようとするのである。

その際どのような人物（たち）がスケープゴートにされやすいであろうか。筆者はそれには3種類のひと（たち）が対象にされると考える。

①自分たち（「集合的なもの」）の中の少数派や，よそ者（ex. 身近な教育現場で言えば「転校生」や「友だちがいない生徒」。大きなレベルで言えば，少数民族や宗教的少数派，など）。

②何らかのハンディキャップをもった人々（ex.「身体障がい者」や「精神障が

い者」。身近な教育現場で言えば「勉強や運動が苦手な生徒」。あるいは〔女子生徒に多いのだが〕「容貌が美しくないので『ムカつく』生徒」など）。
③自分たちより能力的，人格的に優れている人々（ex.「非凡な才能や独創性をもっている者」。身近な教育現場で言えば「勉強のできる生徒」や「先生のお気に入りの生徒」など）。この③には言うまでもなく「妬み」の情動も作用している。だが，妬みも又，完全な人間がもっているはずのない情動である。妬みの気持ちを抱いているのは，スケープゴートにされた人間なのだ。

スケープゴートにされた人々に対して激しい憎悪や軽蔑に満ちた態度や行動を取ることにおいて，自分自身は高い価値と１つになっていると思い込み，「良心」や「正義」に従っていると感じている。それ故その行動は，時に途方もなく残忍なものへとエスカレートしてしまう。意識の上では良心に服従しつつ，その実，行動において己の内なる「影」の側面を噴出させているわけである。

もしこのようなメカニズムが「集合的影」のレベルで生じれば，それは他民族や外集団（自分たち以外の集団）に対する大虐殺や，相互に「影」を投影させれば，大戦争となる。実際，人類の歴史はこのようなことをくり返してきたのではなかろうか。

その背後にあるものは，既述した「古い倫理」であり，それは己の「影」を否定し，人格を（意識と無意識という）全体において見ていない。そして善（との同化）と悪（の排除）という２元論に立脚したものである。

この「古い倫理」こそが「ペルソナ」と「影」という相互に無交渉な，ひとのこころの分裂を生み出しているのである。それ故，必要なのは，「新しい倫理」の模索なのである。

第２節　「影」の認識と受容

ノイマンに拠ると，「古い倫理」が引き起こす問題を克服するための「新しい倫理」は，一種の「深層心理学的な倫理」であらねばならない（ノイマン，前

掲書, p.79ff. 参照)。上に述べたような、こころの分裂の問題は、単なる意識的な気の持ち様の変化では解決しないからである。意識と無意識という2つの層を交流させることが必要なのであり、それによりまず、己の内なる「影」に気づき、認識することが大切なのである。それが、「影」に対処するための第1ステップと言える。

自分のこころの深層へと分析を遡らせることによって、自我に動揺を与えることが必要である。とくに、自我が「ペルソナ」や「集合的なもの」の価値と完全に同化している場合ほど動揺が大きい。自分の中に（自我に敵対的で異質的な性格をもった）人格の別の性質があることを認めることは——先に引用したユングの叙述にもあったように——抵抗や苦痛が生じるのである。

ところで、己の内なる「影」に気づくには、具体的にどのようにすればよいのだろうか。筆者は、生前河合（隼雄）が講演やさまざまな著作の中で言っていたことを想い出す。「自分の影を知りたかったら、あなたの大嫌いなひとや虫の好かないひとの顔を思い浮かべて下さい。それがあなたの影です」と。

「影」の投影ということを考えたら、まさにその通りであろう。私たちはえてして「あんな奴、大嫌い」で済ませて生活を送っている。しかしそこで一歩進めて「何故、嫌いなんだろう。何故そしてどういう所が虫が好かないんだろう」と考え始めることが大切なのである。そしてその分析をして「もしかして自分の内にも同じものがあるんじゃないか」と逆転の発想をすれば、それがイコール自分の影との出会い・気づきなのではないだろうか。

さて、第2のステップは、より困難な課題である。即ち、そのように直面した己の「影」を否認したり、目を背けたりすることなく、それを他ならぬ自分の内なる一部として「受容」することである。

何故それ程に困難なのか。第1に、まがりなりにも安定していた（あるいは「集合的なもの」から賞賛されていた）人格が動揺して、不安になるので、さらなる抵抗が生じるからである。第2に、「集合的価値」との同化が緩んできてしまうので、価値観がぐらついてアイデンティティーの危機に陥る可能性を回避したくなるからである。そして第3に、たとえ「悪」（「影」＝悪と見えてい

る）を認めたとしても，それほど大した悪じゃない（自分はそんなに悪人じゃない）と思い込もうとする，自我の防御メカニズムが生じてくるからである。

そのためその反動（反応）として相対する２つの傾向のいずれかが生じてくる。即ち一方で，「影」を完全に再抑圧して，さらに己を過大評価する傾向。そして他方で，己を過小評価して，自己嫌悪から虚無的・自己否定的になる傾向，である。しかしいずれも己の一面的把握の極端化だと言える。「光」あるところに「影」があるのであり，この両側面を受容することが大切なのである。

以上からノイマンの提唱する「新しい倫理」とは，次のような内容をもつものと言える。

①それは，各自が己が気づかずにいた「影」を，己の一部として受容するひとを「倫理的」なひととみなすということ。

②己のこころの無意識的な次元にまで，各自は「責任」を負うことを要請するものだということ。「新しい倫理は人格の責任の範囲を，無意識的なものにまで拡張するのである」（ノイマン，前掲書，p.102f.）。

③それは，「完全性の理想」を拒否するが，そのことは人間の価値を減少させるものではないということ。

④それ故「新しい倫理」の中心課題は，人格の内の肯定・否定の両側面を統合した，「人格の全一性(トタリテート)を実現することにある」（ノイマン，同書，p.114）ということ。

ところで，ユングは（第3章の「図表3-1」で示したように）意識と無意識を合わせた全体を自己（Self, Selbst）と呼んだ。そしてこの自己を実現することを人生の目的と考えた。この自己実現を，別の表現で「個性化（individuation, Individuation）」のプロセスとも言う。それは，「個人が自分自身になること。つまり，自らの存在が不可分，全体的となり，かつ他の人々や集合的な心理状態から区分されていることである（ただし，他者や集合心理との関係性ももちつづける）」（サミュエルズ編，前掲書，p.52）。「影」の認識と統合は，この「自己実現」という人生の目的の第一歩なのである[1]。

だが,「影」の受容がもつ意義はそれだけにとどまらない。己の「影」の部分を受容することによって,他者の自我の「影」の部分を理解し,受容できるようになる。即ち,それは同時に,他者や（文化的社会的に異なった）他の集団に対する寛容なふるまいを可能にするのであり,それによって人間的な連帯感や共同責任への道が開かれるのである。

註

第1章
第1節
(1)「教育分析（didactic analysis）」とは，「精神分析家（psychoanalyst）になろうとする者が，神経症患者が受けると同様な手続きをもって，自由連想法による精神分析を教育分析家から受けること」であり「精神分析家になるための条件として欧米では制度化されている」ものである（加藤・保崎・三浦・大塚・浅井監修，2006年，p.72）。

(2)自我の「防衛メカニズム」については，第4章第1節で説明する。

第2節
(1) W. ディルタイの思想については，O. F. ボルノー『ディルタイ——その哲学への案内』（1997年）が古典的であり，かつ詳しい。解釈学はその後20世紀に，M. ハイデガーやその弟子であるH. G. ガダマーによって独自の展開を見せ，とくに後者によってアメリカでも1つの潮流となった。また（フロイトの）精神分析との媒介が，フランスの哲学者P. リクールや，ドイツの社会哲学者J. ハーバーマスによって行われた。

(2)もちろん実際の症状形成には，本人の先天的気質や家庭環境などの育ちも影響を与えるであろうが（「多重決定」〔フロイト〕あるいは「多元診断」〔E. クレッチマー〕）。

第3節
(1)自由連想法（free association）は，「フロイトによって創始された精神分析療法の基本的操作の1つで，患者が寝椅子に仰臥しながら頭に浮んできたことをそのまま批判，選択せずに言語化すること」（加藤・保崎・三浦・大塚・浅井監修，2006年，前掲書，p.164）である。

(2)拡充法（amplification）とは「ユングの（とくに夢の）解釈法の一部である。ユングは，その個人にとっての夢の脈絡をはっきりさせるため連想を用いたが，夢を普遍的なイメージ（＝普遍的無意識〔普遍的無意識については第3章で説明する〕の内容である諸元型が送りだす諸イメージ——筆者補足）に関連づける」ために用いた方法。「拡充を行なうには，（おとぎ話や昔話——筆者補足），神話，歴史，文化などにみられるパラレルなイメージを利用して，メタファーに満ちた夢のシンボリズムを明らかにし，豊かに広げることが必要である」（A. サミュエルズ他／山中監修，1993年，p.29）。

(3)因みに，河合隼雄は，成田善弘，鈴木茂との「境界例とかかわる」と題されたシンポジウムにおいて「（話していて）むかむかっとくるような怒りを，ボーダーラインの人に感じられること」があり，それを「ボーダーラインの人の診断基準の一つにしてもいいんじゃないですか」と述べている（河合・成田編，1998年，p.156）（「境界例」あるいは「ボーダーライン」については，第4章で説明する）。また初対面の場で，統合失調症の患者に治療者が接するとき，共通して一種独特の対人接触のたしかな手ごたえのなさ，あやふや

さ，違和感を感じることがあり，これをオランダの精神科医 H. C. リュムケは「プレコックス感」と呼んだ。
(4)「ラポール（rapport）」とは「治療者と被治療者との間のあたたかい感情の交流があり，(1)両者共にうちとけて，自由に振舞える安心感をもち，(2)相手に対する尊敬と信頼の念を抱き，(3)感情や意志の自在な交流・理解が可能であるような状態」（小林編，1993年，p.224）のことである。
(5)このことについては，R. バーンスタイン（丸山・品川・木岡訳）（全2巻），1990年を参照のこと。
(6)「転移（transference）」とは「過去における重要な人物に向けていた感情や態度を，現在の人間関係の中で，ある人物（とくに分析者──筆者付加）に対して無意識的に反復すること」「その感情には，憎しみ，敵意などの陰性感情」もあり，それを「陰性転移という」（加藤・保崎・三浦・大塚・浅井監修，2006年，前掲書，p.271）。
(7) E. H. エリクソンの後，1970～80年代のアメリカ精神医学会に多大な影響を与え，「ミスター精神分析」と呼ばれつつ，独創的な「自己心理学」を創出し，とくに自己愛の研究に寄与した H. コフートが十分な分析の道具とするのも「共感」と「内省」である。このことについては和田，1999年，pp.74～92参照。

第2章
第1節

(1)本節については，河合隼雄の主張に負うところが大きい。因みに，1993年以降，河合の主要著作は『河合隼雄著作集』（岩波書店）に収められている。
(2)河合は，自分は父／母性原理というタームは用いるが，男／女性原理という区分は使わないことを明言している。彼によると「少なくとも日本文化を考える上では，男性原理─女性原理というのはいまのところほとんど意味をもたない」（河合，1989年，p.239）のである。
(3)「補償」は，ユング心理学における基本用語の1つであり，意識と無意識との根本的関係を示すものである。即ち「ユングは無意識がもつ補償的働きを，意識の側の一面化に向かう傾向に均衡をもたらすものと考えた」（A. サミュエルズ他，1993年，p.152）のである。この考え方が，意識と無意識とを，力と力の張り合い（力動論）と考えたフロイトと根本的に異なる点である。
(4)『母性社会日本の病理』執筆ののち，河合は──彼自身の言葉で言えば──「考えの変遷」（河合，1982年，p.220）を行い，日本文化を父性原理と母性原理のバランスの上に置き，その中心を「中空」であるとし，その中空的な文化・社会構造のモデルを「古事記」神話の構造に見るようになった（同書，p.49ff. 参照）。しかし，彼は別の著書で「中空だ

ということは，広い意味の母性になる」（河合・藤縄，1990年，p.14）と述べており，「母性社会日本」という規定自体は，なお通用するものと言える。
(5)河合は，キーワードである「場」について詳しい概念規定はしていないが，それは「個」に対置させられるものとして，個人が属している集団，とりわけ第1次的な小集団を指しているものと考えられる（ただし日本的な「場」はそれ独自の特性をさらにもつことになろうが）。なお，河合とは異なった視点において「場」を分析概念として用いているものとして，中根千枝（1967年，p.26ff.）が挙げられる。そこにおいては，「場」が「資格」との対比において，社会集団の構成原理の1つとされており，従って「場」は「個」に対置されてはいないが，日本人の集団意識は「資格」より「場」により多く基づいている，とされる。
(6)佐藤直樹，2001年，p.61ff. 参照。
(7)ユングの考える「普遍的無意識（「集合的無意識」とも言う）」つまり，太古の人類以来蓄積されてきた，人類のこころの遺産と可能性の貯蔵庫，の諸内容を元型（archetypes）と呼ぶのだが，その1つにグレートマザー（太母）の元型がある。それは母なるものの象徴として，個人的な母親を越えて，人間に両極の力を及ぼす。即ち一方では，慈悲深く育む力であり，他方では，呑み込み，離れさせまい（自立させまい）とする力である。
(8)インターネットのウェブ上の百科事典である『ウィキペディア（Wikipedia）』の「ジャポニカ種」の項を参照した。

第2節
(1)濱島・竹内・石川編著，1977年，p.89及びp.115。
(2)この諺の意味は，子どもは，人間になり切っておらず，すぐに成仏してしまう，つまり死にやすい，ということである。昔は現在と異なり，幼くして亡くなることが多かったわけである。
(3)東，1994年，p.197参照。
(4)実際は，それに続いて佐藤は面接調査を行っているが，ここでは引用を割愛する。
(5)佐藤は，3つの国の中で（理論的には）イギリスの子どもが最も社会性の発達が優れている，としているわけだが，だからと言ってもちろん，イギリスのしつけ・教育のあり方が最も優れているとまで言えないであろう。文脈が異なるのだが，次頁の図表を見て頂きたい（森田他，2001年，p.38）。

　少なくともこの図表の4ヵ国比較によると，イギリスが最も「いじめの被害者」の割合が高いのである。森田らが言うように，いじめの被害経験の比率の高さと，いじめの被害の深刻さとは必ずしも一致しないが，少なくともここに示された事実は，教育のあり方とパーソナリティの形成との関係の複雑さ・難しさの一端を示しているように思えてならない。

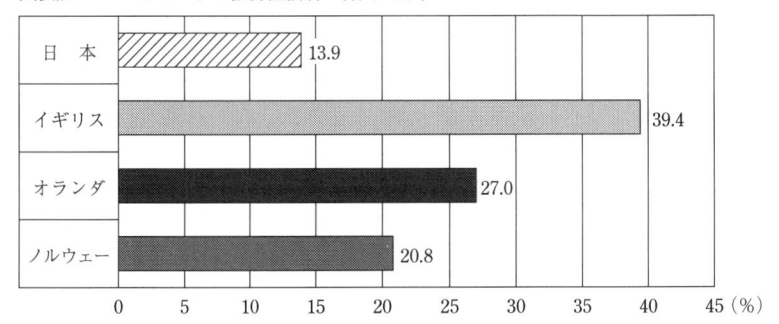

図表註-1　いじめによる被害経験者の各国の比率

国	比率(%)
日本	13.9
イギリス	39.4
オランダ	27.0
ノルウェー	20.8

第3章
第1節
(1) C. ウィルソンによる『ユング——地下の大王』(ウィルソン, 1993〔1985〕年)への「訳者あとがき」において安田は「『オカルト』というのは、ラテン語の occulere (覆う, 隠す)、あるいは occultus (隠された, 秘密の) から来たことばで, 五感で知覚できる以上のことを知覚すること……に関すること, あるいは超自然的なことに関することである。ウィルソンによると、それは、透視, 未来予知, テレパシー, 易, 魔術などのことである」(安田, 1993年, p.251)と説明している。そしてこのオカルトとユングとの関連の深さに対する科学的実験的心理学や生物学的(つまり「こころ」を「脳」に還元する)精神医学からの多々なる非難や無視は, 彼が若い頃に交霊会に何度も参加し, 以降, 正統派キリスト教から異端とされたグノーシス派, 古代エジプトからアラビアを経てヨーロッパに伝わった錬金術, そして又, 中国の『易経』など, 西欧近代科学の言わば「裏街道」を行くような思想に没頭したことなどに由来している(もっともウィルソンによると〔ウィルソン, p.11〕ユングが68歳のときの脅威的な臨死体験の後は, 彼自身が, 科学の限界を超えていると非難されることに頓着しなくなったらしい)。

　しかし著者のウィルソンは, そのような科学主義的全面否定や批判的な態度をとることなく, 中立で公平な視点からユングとオカルトとの関係を明らかにしている。「ユングは, オカルトについてはアンビヴァレントな態度をとっていた」(安田, p.252), つまり, 一定の態度を保ちながら関心をもち続けていたということを明らかにしている。深層心理学の内部でも, とくに主知主義的で難解なタームを好むフロイト派(とくに J. ラカンの影響を受けた者)のわが国の精神分析家の中には——名は挙げないが——同じような批判をするひともいる。しかし例えば, 精神分析医ではないが, フロイト(及びそれ以後)の精神分析に造詣の深い妙木は「私はフロイト派なので, ユングの理論を根拠のない形而上

学，あるいは宗教と退けるのはたやすいが，発想の違いが態度の違いをもたらすということで，心理療法家としてのユングがもっていた態度はそれなりに考慮すべきところは大きいし，ユングの精神療法論文は，精神分析家にかぎらず，心の治療にかかわる人ならば一読の価値があるものである」（妙木，2002年，p.81）と正鵠をえた主張をしている。
(2)比較行動学（動物行動学，エソロジー）とのつながりについては，A. スティーヴンス，1995年，p.71ff.参照。そこにおいて彼は「動物行動学とユング心理学は同じコインの裏表みたいなものだといえる。いってみれば，動物行動学は元型の外向的探究に，ユング心理学はIRM（＝生得的解発機構──筆者注）の内向的検証にたずさわってきたのである」と述べている。
(3)出典は，Th. ブルフィンチ『完訳　ギリシア・ローマ神話　上巻』p.392ff.である（傍点は筆者が付した）。
(4)出典は，武田祐吉訳注，中村啓信補訂・解説による『新訂　古事記　付現代語』p.214f.である（傍点は筆者が付した）。

第2節
(1)「ウロボロス」とは，自らの尾を呑む蛇のという円環的イメージで表わされ，それは世界中に点在している象徴である。
(2)「永遠の少年」については，詳しくはM. L. v. フランツ（1982年）を参照。

第3節
(1)『完訳　グリム童話集(1)』pp.27～31を筆者なりに要約した。
(2)竹田（2011年）は，2005年に行われた国連の「女性の地位委員会」閣僚級会合で，ノーベル平和賞受賞者のケニアのワンガリ・マータイ氏が，その演説の中で日本語の「もったいない」を環境保全の合言葉として紹介し，参加者たちと共に唱和したことを報告している（p.91ff.）。マータイ氏に拠ると，「もったいない」という日本語は，消費削減（リデュース），再使用（リユース），資源再利用（リサイクル），修理（リペア）という4つのRを表しているが，この言葉のような，自然や物に対する敬意と愛の意思が込められている言葉が他の言語には見つからないと述べている。因みに筆者の手元にある『広辞苑（第六版）』には，「もったいない」に対し「物の本体を失する意」（新村編，p.2790）とある。かなり強引かもしれないが，この「本体」を「たましい」と考えてみると興味深いものがある。

第4章
第1節
(1)「図表4-2」の作成に関しては，橋本雅雄（1978年，p.99ff.）に負うところが大きい。
(2)いきなり，エロス（生〔性ではない〕の衝動）とタナトス（死の衝動）という，新しい内

容をもった衝動が出現して，意味がわからないかもしれないが，それまで対立的に捉えられていた自我リビドーと対象リビドーではあるが，いずれもリビドー的なものであることに変わりがないため，1つにまとめられ，それが「エロス」と呼ばれることとなった。それは決して性的なものに限局されるものではなく，命あるものすべてを守り，育もうとする衝動である（筆者の見解ではフロイトはここに至って初めて広い意味での「愛」に気づいたように思う）。そして，エロスに対立する形で「死の衝動」である「タナトス」が造り出された（エロスもタナトスも語源的にはギリシャ語に由来する）。

　突然のように「死の衝動（＝破壊・攻撃衝動）」が考え出されたのは，フロイトの患者の中に，まるで治りたくないかのように，くり返し同じ苦しい体験をしたり，くり返し自傷行為をする人々を観察した事実（このような人々が行っていることを彼は「反復強迫」と呼んだ）に基づいている。それ故，フロイトにおいては，まず破壊の対象は自分（患者）自身であるが，その対象が他者に転じれば，他者に対して攻撃や破壊をしたいという衝動へと変化するわけである。

　タナトス概念に対しては，精神分析に反感をもつ人々が否定するのはもちろんだが，精神分析諸派の内部でも，その存在については賛否両論である（ただ一言だけ付言すれば，この概念の提出は，1920年という，第1次世界大戦の悲惨さをフロイトが目の当たりにした直後のことだということである）。

(3)以下の説明に関しては，Ch. ライクロフト（1992年）を参考にした。
(4)いずれの論文も，『フロイト著作集第5巻』（人文書院）に所収されている。

第3節
(1)ここにも，第2節の末尾の方で引用した妙木の言葉のように「物語を精神分析が使う」というやり方が行われている。
(2)フロイト派ではないが，ユング派の河合は，『物語と人間の科学』（1993年）の中で，聖書が「隠れキリシタン」の人々によって読み継がれた際に，どのようにその内容が変化していったかを述べていて（p.83ff.）大変興味深く，また面白い。
(3)筆者としては，E. フロム（1980年，pp.46～60）におけるエディプス・コンプレックスの解釈に最も賛同したい（だが残念ながらフロムは，女児のエディプス・コンプレックスについては何も述べていない）。
(4)それ故，（後述する）「境界性パーソナリティの障害」は以前は，「境界例（borderline case)」と呼ばれていた。

第4節
(1)「パーソナリティの障害」という訳語は，DSM-IV-TR になって現れた。DSM-IV における訳語は「人格障害」であった（この変更の理由は筆者には詳らかではない）。
　因みに，DSM-IV-TR は，DSM-IV における詳しい解説を除き，診断基準だけを掲載してハンディ化したものであり，MINI-D とも呼ばれる。TR とは，Text の解説を

Revision（改訂）した，ということの頭文字を採ったものである。
(2)フロイトによる症例発見から，今日の「境界性パーソナリティ」概念の確立に至るまでの複雑な歴史については，小此木（1998年，pp.222〜228）を参照されたい。
(3)以上については，『精神科ポケット辞典・新訂版』（2006年，p.288及びp.381）を参照した。
(4)李による前掲記述（1999年，p.152）。

第5章
第1節
(1)以下，項目(5)から項目(11)までは根本（1996年）を参考にさせて頂いた。
(2)以下の説明については，神澤（1998年，p.214f.）を参考にさせて頂いた。
(3)「森田療法」とは，「1920年頃，森田正馬が創始した精神療法の１つ。森田理論にもとづく神経質（症）者に対する精神療法。森田療法における治療目標は，(1)神経質性格（ヒポコンドリー性基調感情）の陶冶，(2)精神交互作用，思想の矛盾など，症状を形成している心的機制の打破，(3)生の欲望の発揮（自己実現）である」（加藤・保崎・三浦・大塚・浅井監修『精神科ポケット辞典・新訂版』2006年，p.367）。

第2節
(1)フランクルの著作は，そのほとんどが邦訳されているが，まず読むのを勧めるのは，ナチス強制収容所の体験記である『夜と霧・新版』（2002年）である。

第3節
(1)「自律訓練法」とは，「注意の集中，自己暗示の練習により，全身の緊張を解き，心身の状態を自分でうまく調整できるように工夫された段階的訓練法であり，シュルツ（J. H. Schultz）が創始者である。外界からの刺激をできるだけ遮断し，一定の受け身的な姿勢をとらせる。言語公式の言葉を頭の中でゆっくり反復する。受身的注意集中を行わせることを原則にして行う。臨床的には，広く心身症，神経症，ストレス解消，精神統一などに用いられる。」（加藤・保崎・三浦・大塚・浅井監修，前掲書，p.176）
(2)例えば根本は，「不安分析ノート」を作ることを提案している（根本，1996年，p.180ff.）が，筆者の考えでは，これを実行すると，ひとや事柄によっては余計に不安を増強させる虞があると判断したので，ここでは説明を割愛した。

第6章
第1節
(1)この節の執筆に際しては，とりわけ以下の著作に収められた諸論文を参照した。即ち，L.

コールバーグ,1987年,永野重史編,1985年,佐野安仁・吉田謙二編,1993年,L. Kohlberg, C. Levine & A. Hewer (eds.), 1983.
(2)図表6-2は,佐野・吉田編,1993年,のpp.96～102より抄出・引用させて頂いた。J. R. レストによる回答例の不適切さ(第6段階においても賛否両方が成立するとしていること)を正しく指摘しているからである。
(3)このことからコールバーグは,晩年「公正な共同体(just community)」の構想に尽力したが,この「公正な共同体」についてはとくに,C. F. パワー&A. ヒギンス「正義的共同社会理論」(日本道徳性心理学会編,1992年,p.70ff.)を参照。

第2節
(1) C. ギリガン,1986年,例えばp.127ff. 参照。
(2)以下については,C. Gilligan, 1995参照。
(3)フェミニズム倫理学からは,ギリガンの主張をよりラディカルに捉え,コールバーグのこの「和解」の企てを批判する研究者が多い。例えば,S. Hekman (1995) は,ギリガンは,公正道徳の一面性を補っているのではなく,伝統的な男性的道徳に対して,それとは両立しえない二者択一的な道徳を提示しているのだ,と主張し,又,V. Held (1995) は,公正とケアをそれぞれ公的,私的という異なった領域に割り当てることは,フェミニストは伝統的な公／私の区別自体を拒否するが故に認めがたい,と言う (p.2f.)。
(4) "generativity" (E. H. エリクソンの造語) という概念の意味するところについては,岡本祐子編,2006年所収の,山本力,やまだようこ,岡本祐子による鼎談 (とくにp.40以降) を参照。
(5)ただし,ノディングスは「ケアの道徳」が,フレッチャーらの「状況倫理」とは異なるものであることにはっきり言及している (cf. Noddings, *op. cit.*, p.28)。

第3節
(1)ダイアド (dyad) とは「自我と他者という2人から成る関係のこと」であり「社会的行動の最も単純な形態として考えられている」ものである (濱島他編,1977年,p.253)。
(2)ただしここでは,齊藤・菅原編,1998年,pp.117～119に拠った。
(3)浜口は,従来日本人が集団に対する他律的存在と規定されてきたことに異を唱え,日本的な「間人」においては「連帯的自律性」が機能していると主張する (例えば,浜口,1980年,p.133ff.)。しかし,そのように特徴づけたところで,間人が「既知の人との有機的な相互期待の関係を,いつも良好に保とうとする」(浜口,1988年,p.324〔傍点は筆者が付加〕) と説明される限り,特定の内部道徳的な第3段階であることに変わりはないと思われる。
(4)河合 (1995年C) p.133参照。なお山野も「母性原理のもつ柔軟さとあいまいさは,相手と対決すべき破壊的エネルギーを,相手と共存すべき建設的エネルギーに変貌させうる不思議な能力をもっている」(山野,1987年,p.101f.) とその可能性に注目し,中根も,日

188　註

本人は，不変的性質を前提とした倫理体系に依存する価値観に立つ国々の人々よりも変化に強いため，疎外感や社会的・精神的不安定に相当耐えられる体質をもっている，と述べている（中根，1978年，p.161f.）。

(5)私見に拠れば，中野は，「場の倫理」に従ってひとが己の考えを熟考し修正し，それによって集団（場）の意思決定が成立する手続きを，「外的モノローグ」と「内的ダイアローグ」の図式によって巧みに描出し，説明している。日本人においてコミュニケーションは，他者とではなく，（自分も含めた）場との間で行われるのである（中野，1982年，p.148ff. 参照）。

(6)この指摘は，「丸山真男がその『無責任の体系』という主張を，明治以前の日本社会にまで無反省に拡張しようとするのには賛成できない」という桜井の意見（桜井，1998年，p.73）も合わせて考えてみると，興味深いものがある。

(7)日本的な「うらみ」の諸機制については，山野，1989年を参照。

(8)「空気」については，初版が1977年に出版されている山本七平の『「空気」の研究』は今でもしばしば引用される名著である。しかしそれは別として，"KY"（「空気読めよ」「空気の読めない奴」）という言葉が2007年の流行語大賞の候補に選ばれるほど世間に広がって以来，タイトル中に「空気」という言葉が入った書物が出版され続けている。しかし管見に拠る限り，いずれも実用的一般書の域を出ないものであり，本格的学術的に「空気」という現象を究明した書物が未だ出ないのは残念なことである（上述した山本の書も学術風エッセイとでも呼ぶべきものにとどまっている）。

(9)もちろん深層心理学的に言えば，事態はさほど単純ではない。なぜなら「～したい」という個人の内在的欲求が，実は「～せよ」という外圧の取り入れ・内面化にすぎないことは十分に考えられうることだからである。例えばE. フロム（1965年）p.218ff. を参照。又，ユング的な立場からは一般的に言って，個人の状況における実存的な決断に際しても「元型」の働きが考慮に入れられるべきである。

第7章
第1節

(1)対人恐怖（症）（anthropophobia）とは「他人と同席する場面で，不当に強い不安と精神的緊張が生じ，そのため他人に軽蔑されるのではないか，他人に不快な感じを与えるのではないか，いやがられるのではないかと心配し，対人関係からできるだけ身を退こうとする神経症の一型であり，亜型として，赤面恐怖，視線恐怖，正視恐怖，自己臭恐怖，醜形恐怖，吃音恐怖などがある。青春期の発症が多く，男性に多い。ときには統合失調症の前駆症状として対人恐怖が見られることがある。また元来，日本人には対人恐怖症的な心理が潜在的に偏在していると指摘する人もあり，諸外国にくらべて多い」（加藤・保崎・三

浦・大塚・浅井監修, 2006年, p.245f.)。

(2) 図表註-2 『DSM-IV-TR』(2003年, p.176f.) における「社交不安障害」(Social Anxiety Disorder)（あるいは同じ意味だが）「社交恐怖」(Social Phobia) の診断基準

> A. よく知らない達の前で他人の注視を浴びるかもしれない社会的状況または行為をするという状況の1つまたはそれ以上に対する顕著な持続的な恐怖、その人は、自分が恥をかかされたり、恥ずかしい思いをしたりするような形で行動（またはその不安症状を呈したり）することを恐れる。
> 注：子供の場合は、よく知っている人とは年齢相応の社会関係をもつ能力があるという証拠が存在し、その不安が、大人との交流だけでなく、同年代の子供との間でも起こるものでなければならない。
> B. 恐怖している社会的状況への暴露によって、ほとんど必ず不安反応が誘発され、それは状況依存性、または状況誘発性のパニック発作の形をとることがある。
> 注：子供の場合は、泣く、かんしゃくを起こす、立ちすくむ、またはよく知らない人と交流する状況から遠ざかるという形で、恐怖が表現されることがある。
> C. その人は、恐怖が過剰であること、または不合理であることを認識している。
> 注：子供の場合、こうした特徴のない場合もある。
> D. 恐怖している社会的状況または行為をする状況は回避されているか、またはそうでなければ、強い不安または苦痛を感じながら耐え忍んでいる。
> E. 恐怖している社会的状況または行為をする状況の回避、不安を伴う予期、または苦痛のために、その人の正常な毎日の生活習慣、職業上の（学業上の）機能、または社会活動または他者との関係が障害されており、またはその恐怖症があるために著しい苦痛を感じている。
> F. 18歳未満の人の場合、持続期間は少なくとも6カ月である。
> G. その恐怖または回避は、物質（例：乱用薬物、投薬）または一般身体疾患の直接的な生理学的作用によるものではなく、他の精神疾患（例：広場恐怖症を伴う、または伴わないパニック障害、分離不安障害、身体醜形障害、広汎性発達障害、またはシゾイドパーソナリティ障害）ではうまく説明されない。
> H. 一般身体疾患または他の精神疾患が存在している場合、基準Aの恐怖はそれに関連がない、例えば、恐怖は、吃音症、パーキンソン病の振戦、または神経性無食欲症または神経性大食症の異常な食行動を示すことへの恐怖でもない。
> ▶該当すれば特定せよ
> **全般性** 恐怖がほとんどの社会的状況に関連している場合（例：会話を始めたり続けたりすること、小さいグループに参加すること、デートすること、目上の人に話をすること、パーティーに参加すること）
> 注：回避性パーソナリティ障害の追加診断も考慮すること。

（筆者注：「社交不安障害」「社交恐怖」は、以前は「社会不安障害」「社会恐怖」と訳されていたが、2008年の日本精神神経学会において、今の呼び方へと訳が変更された。なお、「対人恐怖」と「社交不安障害」の症状の相違については、例えば磯部（2007年, p.110ff.）を参照されたい。

(3) 以下の(1)と(2)については、後藤（2004年, p.96ff.）を参考にさせて頂いて、筆者なりに付加したり、削除したりして叙述したことをお断りしておく。

第3節

(1) 後藤はこれらの提言をする際に、R. ネルソン・ジョーンズや社会的スキル・トレーニン

190　註

グの要素を参考にした旨を述べている（後藤，前掲書，p.106）。引用に関しては，文章の続き具合をよくするためなどの理由から，省略させて頂いた箇所がある。
(2) 多田（2011年，p.16）において米国及びわが国の疫学調査の結果が示されており，米国では「社交不安障害」の生涯有病率は，12.1％，12ヵ月有病率が6.8％であったのに対し，わが国では，それぞれ1.4％，0.7％である。
(3) 筆者自身が再確認したわけではないが，ギルマーティンに拠ると，ドイツのハンブルグ，ベルリン，フランクフルト，ミュンヘンをはじめとする諸都市では，女性（側だけ）が男性をデートに誘うものである，という一般的な約束事が存在していると言う（ギルマーティン，前掲書，p.248）。

第8章
第1節
(1) 代表的なものとして，小此木（1993年〔1980年〕及び2000年），中野（1991年），大平（1995年），栗原（1996年），千石（1991年及び1994年），山田（1989年），和田（1994年），小原（2002年），柳田（2005年）などがある。
(2) 辻（泉）は，友人関係の「なかみ」に注目する心理学（的）アプローチは，若者の友人関係が「希薄化」していると主張し，社会学（的アプローチ）は友人関係の「しくみ」に注目するが故に「選択化」していると主張する傾向があるが故に，両学問（的アプローチ）は対立する，と述べている（辻〔泉〕，2006年，p.19ff.）。しかし，学問によって，このように分けるのは些か乱暴ではなかろうか（「希薄化」を主張する栗原彬〔註(1)の中で紹介した栗原の著作を参照〕は，わが国を代表する社会学者のひとりではないだろうか）。それに，若者の友人関係の希薄化ということを世の中に広く警鐘しているのは（別言すればよく読まれているのは），むしろ精神科医たちによって書かれた一般向け書物であるように思う。もっとも「希薄化」の主張と「選択化」の主張の両者を媒介したい，という辻の意図は筆者も共有するものである。
(3) 山田（1989年）参照。
(4) 朝日新聞（熊本版）2000年2月13日（朝刊）の記事の見出しに拠る。
(5)「ニューファミリー」とは，「団塊の世代以降の夫婦とその子供からなる家族。従来とは異なる価値観を持つとされる」（『広辞苑（第六版）』2008年，p.2145）ものであり，又「ミーイズム」とは，「自分以外のものには目を向けない自己中心主義。1960年代の（中略）社会活動世代に対し，70年代の風潮を背景に生まれた考え方」（同書，p.2678）である。
(6)「病理法」とは，宮城（1959年，p.32ff.）の説明に従えば，「病的状態を通じて，ふつうの心理を研究する方法」であり，（フロイト派の）精神分析はこの方法を大幅に用いた心

理学の代表であり，異常心理を媒介にして，その説を築いている。そして「この方法は実験的方法や統計的方法と同様に，またそれ以上に，心理学にとって重要である。多くの社会心理学者のうち独創的見解をのべている者は，異常心理に関心をしめし病理法を用いた」とも述べている（同書，p.33）。

(7)因みに，「同調的ひきこもり」的な友人関係をとる青年の存在を追認している経験的研究も見出される。例えば上野・上瀬・桜井・福富（1994年）を参照。そこでは，交友関係が4群に分類され，「行動的には同調的だが，心理的には友人と距離をとろうとする」青年たちが「表面群」と命名され，その特性が検討されている。

第2節

(1)コーホート（cohort）とは「年齢コーホート（age cohort）ともいう。（中略）同時出生集団の訳がある。誕生（あるいは入学・入社など）の時期を同じくする者の集団を意味する。コーホートを縦断的に追跡する研究法によって，個人や集団の時系列的な変化を明らかにできる」（濱島・竹内・石川編，1977年，p.117）。

(2)臨床に携わる精神科医らに関しては，このことは当てはまらないが，病理法に伴う（過度の）一般化は留意されるべきであろう。

(3)次註参照。

第3節

(1)本当にそう言い切れるか，最後の点に関しては矛盾する調査結果もある。例えば小林（2007年，p.67f.）の調査によると，メールが来ないことに対する不安感を，とくに18歳～34歳までの女性は同世代の男性に比べ，よりひんぱんに抱くことが判明している。

(2)斎藤は，この「精神障害との関連性」については，本文中で何も説明していないが，この表の書き方は，「ひきこもり系」「自分探し系」がそれぞれの精神諸障害に陥っているかのような誤解を生じさせる虞があろう。この項目については，若者が陥りうる精神障害の性質を，この2類型に沿って分けると表のようになる，というように理解されるべき（つまり，必ず陥っているというわけではなく，「親和的」である）であるし，仮に一歩進んで，各人に思い当たるところがあるにせよ，その思い（心配）に対しては，岡田（2004年，p.66）と共に「あなた自身や身近な人が，どれかのタイプ（＝精神障害〔筆者注〕）に当てはまる場合もあるだろう。その場合も，慌てるには及ばない。こうした傾向が極端で，実際の日常生活や社会生活に大きな支障が生じている場合にのみ，病的」と判断されうると付言しておこう。

　ところで，「人格（パーソナリティ）障害」一般については，すでに簡単に説明した（第4章）ので，ここでは斎藤が表で挙げている人格（パーソナリティ）障害である，「シゾイド人格障害」（「境界性人格障害」については，第4章の図表4-8を見てほしい）について，DSM-IV-TR から説明を引用しておく（図表註-3）。

192 　註

図表註-3　「シゾイド人格（パーソナリティ）障害」の診断基準

> シゾイドパーソナリティ障害*
> Schizoid Personality Disorder
> A．社会的関係からの遊離，対人関係状況での感情表現の範囲の限定などの広範な様式で，成人期早期までに始まり，種々の状況で明らかになる．以下のうち4つ（またはそれ以上）によって示される．
> 　(1) 家族の一員であることを含めて，親密な関係をもちたいと思わない，またはそれを楽しく感じない．
> 　(2) ほとんどいつも孤立した行動を選択する．
> 　(3) 他人と性体験をもつことに対する興味が，もしあったとしても，少ししかない．
> 　(4) 喜びを感じられるような活動が，もしあったとしても，少ししかない．
> 　(5) 第一度親族以外には，親しい友人または信頼できる友人がいない．
> 　(6) 他人の賞賛や批判に対して無関心に見える．
> 　(7) 情緒的な冷たさ，よそよそしさ，または平板な感情．
> B．統合失調症，「気分障害，精神病性の特徴を伴うもの」，他の精神病性障害，または広汎性発達障害の経過中にのみ起こるものではなく，一般身体疾患の直接的な生理学的作用によるものでもない．

(DSM-IV-TR「精神疾患の分類と診断の手引・新訂版」2003年，p. 235)

　なお「解離性障害（dissociative disorders）」については，DSM-IV-TR では「解離性健忘」「解離性とん走」「解離性同一性障害」「離人症性障害」「特定不能の解離性障害」の5つに分けられている（2003年，pp.195〜198）．詳細かつ平易な解説書として岡野，2010年を参照のこと．
(3)逆に，男の子の「元気のなさ」の考究としては，『児童心理』「男の子問題」特集号（2008年）所収の諸論考を参照のこと．
(4)この「仲間」は，かつての（団塊の世代以上の）人々にとっての「世間」の様相を帯びる．このことについては小林，2007年，p.91ff. 参照．それ故これら仲間を「ミニセケン」（菅原，2005年）とか，「IT 世間」（正高，2006年）とかと呼ぶことは，正鵠をえているだろう．
(5)ここでは，性欲の充足のみを初めから目的とした所謂「出会い系」サイトのことは一応除外して考えている．

第9章
第1節
(1)以下の第1節の内容に関しては，梶田（1988年，p.94ff.）に負うところが多い．
(2)清水（2001年，p.26）は，「私たちは普段……自己の行動，性格，能力などを自分自身で評定している．このように，自分で自分を評定することを自己評価という．……自己評価

の結果をどの程度受容するかに応じて自尊感情（自尊心とも呼ばれる）が規定される。自尊感情とは自信の上位概念であり，自分自身を価値のある優れた存在とみる態度に伴う感情である。……自己評価が高ければ自尊感情の上昇に，自己評価が低ければ自尊感情の低下に結びつくが，自尊感情は自己評価に比べ，ある程度永続的で変化しにくい」というように，「自己評価」「自尊感情（自尊心）」「自信」といった概念の関係を位置づけようとしているが，（残念ながら）他の研究者たちが，この説明に従ってこれらの概念を使用しているとは言い難い。

(3)この症例は，加藤・保崎・三浦・大塚・浅井監修の『新版・精神科ポケット辞典』（1997年，p.3）を参考にして採り上げた。ただし辞典には，人名・病院名とも実名が記載されているが，ここではイニシャルに改めた（なお，同氏たちの監修による新訂版〔2006年〕では，この項目は削除されている）。

(4)他者との比較と自尊心との関係については，髙田（2011年，第8章）が詳しく論じている。

第2節

(1)リヒテルズ直子（2010年）は，オランダの小学校の授業におけるさまざまな工夫が，子どもの自尊心を向上させることに如何に有効に機能しているかを述べている。因みに，2007年のユニセフによる調査に拠ると，「孤独を感じるか」という質問を主要国の子どもたちにしたところ，オランダが最低であった（2.9％）（古荘，2009年，p.86）。最高だったのは日本の子どもたちであり，29.8％が「感じる」と回答しており，オランダの10倍である。自尊感情に関しては，オランダの小中学生は100点満点で換算して72.5点であり，日本の小中学生は46.1点であった（古荘，同書，p.89）。

第10章

第1節

(1)ユング心理学における「自我」の意味については，第3章の「図表3-1」参照。

(2)「投影（projection）」という，こころのメカニズムについては，第4章の「図表4-4」参照。

第2節

(1)「ペルソナ」と完全に同化して「集合的なもの」の規範に従順的・模範的に従っている限り，己の未知の可能性や創造性にも気づかないだろう。「影」とはこれらをも含むものであることに留意してほしい。

本書執筆に際し，引用・参照した文献一覧表

注）和書（論文）については翻訳書も含めて，著者（場合によっては監修者・編者）の名字の五十音順に各章ごとに配列した。洋書（論文）については，著者のファミリーネームを和書の後にアルファベット順に配列した。

第1章
- H. エレンベルガー『無意識の発見』(下)』（木村敏・中井久夫監訳　弘文堂　1980年）
- 大渕憲一『人を傷つける心』（サイエンス社　1993年）
- 大村政男『新訂　血液型と性格』（福村出版　1998年）
- 加藤正明他監修／飯森眞喜雄他編『精神科ポケット辞典・新訂版』（弘文堂　2006年）
- 河合隼雄『イメージの心理学』（青土社　1991年）
- 河合隼雄・成田喜弘編『境界例』（日本評論社　1998年）
- 小林司編『カウンセリング事典』（新曜社　1993年）
- A. サミュエルズ他『ユング心理学辞典』（山中康裕監修　創元社　1993年）
- 澤田瑞也『共感の心理学』（世界思想社　1992年）
- 同上『カウンセリングと共感』（世界思想社　1998年）
- R. バーンスタイン『科学・解釈学・実践(1)(2)』（丸山高司・品川哲彦・木岡伸夫訳　岩波書店　1990年）
- M. L. ホフマン『共感と道徳性の発達心理学』（菊地章夫・二宮克美訳　川島書店　2001年）
- 堀洋道監修／吉田富二雄編『心理測定尺度集Ⅱ』（サイエンス社　2001年）
- O. F. ボルノー『ディルタイ――その哲学への案内』（麻生健訳　未來社　1979年）
- 和田秀樹『〈自己愛〉の構造』（講談社　1999年）
- Feshback, N., Empathy, empathy training, and reglation of aggression in elementary school children, In: R. M. Keplan, V. J. Konechi & R. W. Novaco (eds.), *Aggression in children and youth*, Hague: Martinus Nijhoff Pulischers, pp. 192～208.

第2章
- 東洋『日本人のしつけと教育』（東京大学出版会　1994年）
- 東洋・柏木恵子・R. D. ヘス『母親の態度・行動と子どもの知的発達――日米比較研究』（東京大学出版会　1981年）
- 安溪真一・矢吹省二『日本的父性の発見』（有斐閣　1989年）
- 石島葉子・伊藤綾子「『おとな』から見た子ども像」（白百合女子大学卒業論文）（未発表

1990年)
・今井康夫『アメリカ人と日本人』(創流出版　1990年)
・加賀乙彦『悪魔のささやき』(集英社　2006年)
・柏木恵子『父親の発達心理学』(川島書店　1993年)
・柏木恵子・古澤頼雄・宮下孝広『発達心理学への招待』(ミネルヴァ書房　1996年)
・河合隼雄『母性社会日本の病理』(中央公論社　1976年)
・同上『中空構造日本の深層』(中央公論社　1982年)
・同上『河合隼雄全対話III』(第三文明社　1989年)
・同上「日本的自我と近代的・西洋的自我との葛藤」(梅原猛編『日本とは何なのか』日本放送出版協会　1990年　所収)
・河合隼雄・藤縄昭「対談・日本人論をどう見るか」(馬場謙一・福島章・小川捷之・山中康裕編『日本人の深層』有斐閣　1990年　所収)
・齋藤勇『人はなぜ，足を引っ張り合うのか』(プレジデント社　1998年)
・佐藤直樹『「世間」の現象学』(青弓社　2001年)
・佐藤淑子『イギリスのいい子　日本のいい子』(中央公論新社　2001年)
・同上「自己主張とがまんの教育」(『教育と科学』慶應義塾大学出版会　2007年1月号　所収)
・A. サミュエルズ『ユングとポスト・ユンギアン』(村本詔司・村本邦子訳　創元社　1990年)
・恒吉僚子『人間形成の日米比較』(中央公論新社　1992年)
・中根千枝『タテ社会の人間関係』(講談社　1967年)
・西川隆蔵・善明宣夫・吉川茂・西田仁美・大石史博・神津創『新　自己理解のための心理学』(福村出版　1998年)
・濱島朗・竹内郁郎・石川晃弘編『社会学小辞典』(有斐閣　1977年)
・S. フロイト「自我とエス」(小此木啓吾訳『フロイト著作集・第6巻』人文書院　1970年　所収)
・松本滋『父性的宗教　母性的宗教』(東京大学出版会　1987年)
・森田洋司監修『いじめの国際比較研究』(金子書房　2001年)
・Tobin, J. Wu, Davidson, D., *How three key countries shape their children*, World Monifor, 1989.

第3章

・C. ウィルソン『ユング——地下の大王』(安田一郎訳　河出書房新社　1993年)
・河合隼雄『昔話と日本人の心』(岩波書店　1982年)
・グリム兄弟『完訳　グリム童話集(1)』(金田鬼一訳　岩波書店　1979年)

・A. サミュエルズ『ユングとポスト・ユンギュアン』(村本詔司訳　創元社　1990年)
・澤昭裕『エコ亡国論』(新潮社　2010年)
・新村出編『広辞苑　第六版』(岩波書店　2008年)
・A. スティーヴンス『自己実現の心理学』(相馬寿明訳　どうぶつ社　1996年)
・武田邦彦『偽善エコロジー』(幻冬社　2008年)
・竹田恒泰『日本はなぜ世界でいちばん人気があるのか』(PHP研究所　2011年)
・武田祐吉訳注　中村啓信補訂・解説『新訂　古事記　付現代語訳』(角川書店　1997年)
・E. ノイマン『意識の起源史(上)』(林道義訳　紀伊國屋書店　1984年)
・R. ノル『ユング・カルト』(月森左知・高田有現訳　新評論　1998年)
・藤倉良『エコ論争の真贋』(新潮社　2011年)
・M.-L. フォン・フランツ『永遠の少年』(松代洋一・椎名恵子訳　紀伊國屋書店　1982年)
・Th. ブルフィンチ『完訳　ギリシア・ローマ神話(上)』(大久保博訳　角川書店　2004年)
・妙木浩之『エディプス・コンプレックス論争』(講談社　2002年)
・安田一郎（C. ウィルソンによる上掲書への訳者あとがき）
・山内昶『ヒトはなぜペットを食べないか』(文藝春秋　2005年)

第4章
・牛島定信「心の性差とは」(『教育と医学』慶應義塾大学出版会　2005年5月号　所収)
・岡田尊司『境界性パーソナリティ障害』(幻冬社　2009年)
・小此木啓吾「日本へのフロイト思想の導入(1)戦前」(浜川祥枝・生松敬三・馬場謙一・飯田真編『フロイト精神分析物語』有斐閣　1978年　所収)
・同上「概念の多義性と変遷にかかわりながら」(河合隼雄・成田善弘編『境界例』日本評論社　1998年　所収)
・同上「阿闍世コンプレックス論の展開」(小此木啓吾・北山修編『阿闍世コンプレックス』創元社　2001年　所収)
・加藤正明・保崎秀夫・三浦四郎衛・大塚俊男・浅井昌弘監修『精神科ポケット辞典・新訂版』(弘文堂　2006年)
・河合隼雄『物語と人間の科学』(岩波書店　1993年)
・古澤平作「罪悪意識の二種」(小此木啓吾・北山修編　前掲書　2001年　所収)
・佐方哲彦「病理的なアイデンティティの形成メカニズム」(谷冬彦・宮下一博編『さまよえる青少年の心』北大路書房　2004年　所収)
・鈴木智美「ねじれた愛情希求」(松木邦裕・福井敏編『パーソナリティ障害の精神分析的アプローチ』金剛出版　2009年　所収)
・ストー, A.『フロイト』(鈴木晶訳　講談社　1994年)

- 関智雄「マーラー」（福島章編『精神分析の知88』新書館　1996年　所収）
- ソポクレス『オイディプス王』（藤沢令夫訳　岩波書店　1967年）
- 丹治光治「パーソナリティ理論とアセスメント」（塩崎尚美編『実践に役立つ臨床心理学』北樹出版　2008年　所収）
- 『DSM-IV・精神疾患の分類と診断の手引き』（医学書院　1996年）
- 『DSM-IV-TR・精神疾患の分類と診断の手引き・改訂版』（医学書院　2003年）
- 鍋田恭孝「心理療法の歴史」（霜山徳爾監修／鍋田恭孝編『心理療法を学ぶ』有斐閣　2000年　所収）
- 橋本雅雄「リビドーと心的エネルギー論」（浜川祥枝・生松敬三・馬場謙一・飯田真編　前掲書　1978年　所収）
- フロイト，A.『自我と防衛』（外林大作訳　誠信書房　1985年）
- フロイト，S.『フロイト著作集第5巻』（懸田克躬・高橋義孝他訳　人文書院　1969年）
- フロム，E.『フロイトを超えて』（佐野哲郎訳　紀伊國屋書店　1980年）
- 前田重治『図説　臨床精神分析学』（誠信書房　1985年）
- マーラー，M.『乳幼児の心理的誕生』（高橋雅士・織田正美・浜畑紀訳　黎明書房　1981年）
- 丸田俊彦『痛みの心理学』（中央公論社　1989年）
- 宮城音弥『精神分析入門』（岩波書店　1959年）
- 妙木浩之「記憶と物語」（小此木・北山編　前掲書　2001年　所収）
- 同上『エディプス・コンプレックス論争』（講談社　2002年）
- ライクロフト，Ch.『精神分析学辞典』（山口泰司訳　河出書房新社　1992年）
- 李敏子「私を守る無意識のメカニズム」（増井透・神谷栄治・氏原寛共編『私の知らない私』培風館　1999年　所収）
- レヴィット，E.E.『不安の心理学』（西川好夫訳　法政大学出版局　1976年）

第5章

- 有光興記「日本人は本当にプレッシャーに弱いのか」（菅原健介編『ひとの目に映る自己』金子書房　2004年　所収）
- 生田孝「精神病理学による不安の理解」（清水将之編『不安の臨床』金剛出版　1994年　所収）
- 岩井寛『森田療法』（講談社　1986年）
- 笠原嘉『不安の病理』（岩波書店　1981年）
- 加藤正明・保崎秀夫・三浦四郎衛・大塚俊男・浅井昌弘監修『精神科ポケット辞典・新訂版』（弘文堂　2006年）
- 神澤創「人間関係と心の癒し」（西川隆蔵・善明宣夫・吉川茂・西田仁美・大石史博・神

澤創『新　自己理解のための心理学』福村出版　1998年　所収)
- グールディング，M. M. & グールディング，R. L.『心配性をやめる本』(深沢道子・木村泉訳　日本評論社　1995年)
- 新村出編『広辞苑（第六版）』(岩波書店　2008年)
- 根本橘夫『心配性の心理学』(講談社　1996年)
- 原野広太郎『自己弛緩法』(講談社　1987年)
- ヘネンホッファー，O. & ハイル，K. D.『不安の克服』(生和秀敏・生和禎子訳　北大路書房　1993年)
- フランクル，V. E.『夜と霧　新版』(池田香代子訳　みすず書房　2002年)
- 宮城音弥『人間性の心理学』(岩波書店　1968年)
- 吉田戦車『伝染るんです①』(小学館　1990年)

第6章

- 石川元「日本人の道徳意識」(馬場謙一・福島章・小川捷之・山中康裕編『日本人の深層』有斐閣　1990年　所収)
- 磯部忠正『日本人の宗教心』(春秋社　1997年)
- K. ウォルフレン『人間を幸福にしない日本というシステム』(篠原勝訳　毎日新聞社　1994年)
- 内田由紀子「わたしの文化を越えて──文化と心の関わり」(金政祐司・石盛真徳編著『わたしから社会に広がる心理学』北樹出版　2006年　所収)
- 老松克博『漂泊する自我』(新曜社　1997年)
- 岡本祐子編『中年の光と影』(『現代のエスプリ別冊』至文堂　2006年)
- 小原信『状況倫理の可能性』(中央公論社　1971年)
- 同上『状況倫理ノート』(講談社　1974年)
- 河合隼雄『ユング心理学入門』(培風館　1967年)
- 同上『母性社会日本の病理』(中央公論社　1976年)
- 同上『昔話と日本人の心』(岩波書店　1982年)
- 同上『生と死の接点』(岩波書店　1989年)
- 同上『ユング心理学と仏教』(岩波書店　1995年 A)
- 同上『日本人のアイデンティティ』(講談社　1995年 B)
- 同上『働きざかりの心理学』(新潮社　1995年 C)
- 同上『明恵　夢を生きる』(講談社　1995年 D)
- 同上『大人になることのむずかしさ』(岩波書店　1996年)
- 同上『日本人の心のゆくえ』(岩波書店　1998年)
- 木村敏『人と人との間』(弘文堂　1972年)

・C. ギリガン『もう一つの声』（岩男寿美子監訳　川島書店　1986年）
・L. コールバーグ『道徳性の形成』（永野重史監訳　新曜社　1987年）
・齋藤勇・菅原健介編『対人社会心理学重要研究集6』（誠信書房　1998年）
・斎藤貴男・林信吾『ニッポン不公正社会』（平凡社　2006年）
・桜井哲夫『〈自己責任〉とは何か』（講談社　1998年）
・佐野安仁・吉田謙二編『コールバーグ理論の基底』（世界思想社　1993年）
・J.-P. サルトル『実存主義とは何か』（伊吹武彦訳　人文書院　1977年）
・竹内靖雄『日本人の行動文法』（東洋経済新報社　1995年）
・鑪幹八郎「恥の感覚について」（北山修編『日本語臨床1　恥』星和書店　1996年　所収）
・同上「アモルファス自我構造という視点」（日本精神分析学会『精神分析研究』2007年　Vol. 51　No. 3　所収）
・中島義道『〈対話〉のない社会』（PHP研究所　1997年）
・中根千枝『タテ社会の人間関係』（講談社　1967年）
・同上『タテ社会の力学』（講談社　1978年）
・永野重史編『道徳性の発達と教育』（新曜社　1985年）
・中野収「日本型組織におけるコミュニケーションと意思決定」（浜口恵俊・公文俊平編『日本的集団主義』有斐閣　1982年　所収）
・中山治『ぼかしの心理』（創元社　1989年）
・浜口恵俊「日本人の連帯的自立性」（『現代のエスプリ』160号　至文堂　1980年　所収）
・同上「日本人にとっての間柄」（『現代のエスプリ』178号　至文堂　1982年　所収）
・同上『日本らしさの再発見』（講談社　1988年）
・同上「日本型システムの『人間』的編成」（浜口恵俊編『日本社会とは何か』日本放送出版協会　1998年　所収）
・濱島朗・竹内郁郎・石川晃弘編『社会学小辞典』（有斐閣　1977年）
・C. F. パワー & A. ヒギンス「正義的共同社会理論」（日本道徳性心理学研究会編『道徳性心理学』北大路書房　1992年　所収）
・福田健『「場の空気」が読める人，読めない人』（PHP研究所　2006年）
・E. フロム『自由からの逃走』（日高六郎訳　東京創元社　1965年）
・南博『日本的自我』（岩波書店　1983年）
・山岸明子「日本における道徳判断の発達」（永野重史編『道徳性の発達と教育』新曜社　1985年　所収）
・同上「コールバーグ理論の新しい展開」（L. コールバーグ前掲書・付論）
・同上「責任性理論――ギリガン」（日本道徳性心理学研究会編　前掲書　所収）
・山野保『未練の心理』（創元社　1987年）
・同上『うらみの心理』（創元社　1989年）

- 山本七平『空気の研究』（文藝春秋　1983年）
- 吉澤伝三郎「状況倫理」（飯島亨・吉澤伝三郎編『実存主義講座Ⅴモラル』理想社　1973年　所収）
- C. Gilligan & J. M. Murphy, Development from adlescence to adulthood, In : D. Kuhn (ed.), *Intellectual development beyond childhood*, Josey-Bass, San Francisco, 1979.
- C. Gilligan, Moral Orientation and Moral Development, In : V. Held (ed.), *Justice and Care*, Westview Press, 1995.
- S. Hekman, *Moral voices and Moral selves*, Polity Press, 1995.
- L. Kohlberg, C. Levine and A. Hewer, *Moral Stages*, Karger, 1983.
- H. Markus & S. Kitayama, *Culture and Self : Implications for cognition, emotion, and motivation*, Psychological Review, 1991.
- N. Noddings, *Caring*, University of California, 1986.
- G. Spielthenner, *Psychologische Beiträge zur Ethik*, Bd. 2, Frankfurt am Main, 1996.

第7章

- 磯部潮『知らなかった「社会不安障害（SAD）」という病気』（講談社　2007年）
- 内沼幸雄『対人恐怖の心理』（講談社　1997年）
- 加藤正明・保崎秀夫・三浦四郎衞・大塚俊男・浅井昌弘監修『精神科ポケット辞典　新訂版』（弘文堂　2006年）
- 木村駿・小川和彦「訳者まえがき」（ジンバルドー，Ph. G.『シャイネス・第1部　内気な人々』木村駿・小川和彦訳　勁草書房　1982年　所収）
- ギルマーティン，B. G.『シャインマン・シンドローム』（あわやのぶこ訳　新潮社　1994年）
- 後藤学『シャイな人々をどう理解するか？』（菅原健介編『ひとの目に映る自己』金子書房　2004年　所収）
- シュミット，L. A. & シュルキン，J.『社会不安障害とシャイネス』（貝谷久宣＋不安・抑うつ臨床研究会監訳　日本評論社　2006年）
- ジンバルドー，Ph. G.『シャイネス・第1部　内気な人々』（木村駿・小川和彦訳　勁草書房　1982年）
- 同『シャイネス・第2部　内気を克服するために』（同上）
- 多田幸司「対人恐怖，社交恐怖の臨床基本データ」（『精神療法』第37巻第3号　金剛出版　2011年　所収）
- 丹野義彦・坂本真士『自分のこころからよむ臨床心理学入門』（東京大学出版会　2001年）
- 『DSM-IV-TR・新訂版』（髙橋三郎・大野裕・染矢俊幸訳　医学書院　2003年）
- 冨重健一「男たちは結婚難とどう向き合うのか」（菅原健介編　前掲書　所収）

・リアリィ，M. R.『対人不安』（生和秀敏監訳　北大路書房　1990年）
・Berent, J. & Lemley, "BEYOND SHYNESS", New York, 1993.

第8章

・浅野智彦「親密性の新しい形へ」（富田英典・藤村正之編『みんなぼっちの世界』恒星社厚生閣　1992年　所収）
・岩田考「多元化する自己のコミュニケーション」（岩田考・羽渕一代・菊地裕生・苫米地伸編『若者たちのコミュニケーション・サバイバル』恒星社厚生閣　2006年　所収）
・上野行良・上瀬由美子・松井豊・福富護「青年期の交友関係における同調と心理的距離」（『教育心理学研究』第42巻第1号　1994年　所収）
・大平健『やさしさの精神病理』（岩波書店　1995年）
・岡田尊司『パーソナリティ障害』（PHP研究所　2004年）
・岡田努『現代青年の心理学』（世界思想社　2007年）
・岡野憲一郎編『わかりやすい「解離性障害」入門』（星和書店　2010年）
・小此木啓吾『シゾイド人間』（筑摩書房　1993年）
・同上『「ケータイ・ネット人間」の精神分析』（飛鳥新社　2000年）
・小原信『iモード時代の「われとわれわれ」』（中央公論新社　2002年）
・香山リカ『若者の法則』（岩波書店　2002年）
・河合隼雄『母性社会日本の病理』（中央公論社　1976年）
・同上『日本人とアイデンティティ』（講談社　1994年）
・河地和子『自信力はどう育つか』（朝日新聞社　2003年）
・北田暁大・香山リカ・辻大介「ケータイ的なるものの論理と心理」（『世界』岩波書店　2004年2月号　所収）
・栗原彬『増補・新版　やさしさの存在証明』（新曜社　1996年）
・小林哲生「ケータイ使用が生み出す心理」（小林哲生・天野成昭・正高信男『モバイル社会の現状と行方』NTT出版　2007年　所収）
・小林正幸『なぜ，メールは人を感情的にするのか』（ダイヤモンド社　2001年）
・斎藤環『若者のすべて』（PHP研究所　2001年）
・同上『若者の心のSOS』（日本放送出版協会〔NHK人間講座〕2003年）
・同上『思春期ポストモダン』（幻冬社　2007年）
・『児童心理』（「男の子問題」特集　金子書房　2008年3月号）
・A. ショーペンハウアー『幸福について』（橋本文夫訳　新潮社　1973年）
・新村出編『広辞苑（第六版）』（岩波書店　2008年）
・菅原健介『羞恥心はどこへ消えた？』（光文社　2005年）
・千石保『「まじめ」の崩壊』（サイマル出版会　1991年）

・同上『マサツ回避の世代』（PHP 研究所　1994年）
・辻泉「『自由市場化』する友人関係」（岩田考・羽渕一代・菊地裕生・苫米地伸編『若者たちのコミュニケーション・サバイバル』前掲書　所収）
・辻大介「若者のコミュニケーションの変容の新しいメディア」（橋元良明・船津衛編『子ども・青少年とコミュニケーション』北樹出版　1999年　所収）
・『DSM-IV-TR（精神疾患の分類と診断の手引・新訂版）』（高橋三郎・大野裕・染矢俊幸訳　医学書院　2003年）
・中島純一『メディアと流行の心理』（金子書房　1998年）
・中野好『若者文化人類学』（東京書籍　1991年）
・橋元良明「パーソナル・メディアとコミュニケーション行動」（竹内郁郎・児島和人・橋元良明編『メディア・コミュニケーション論』北樹出版　1998年　所収）
・羽淵一代「ケータイに映る『わたし』」（岡田朋之・松田美佐編『ケータイ学入門』有斐閣　2002年　所収）
・同上「高速化する再帰性」（松田美佐・岡部大介・伊藤瑞子編『ケータイのある風景』北大路書房　2006年　所収）
・濱島朗・竹内郁郎・石川晃弘編『社会学小辞典』（有斐閣　1977年）
・正高信男『他人を許せないサル』（講談社　2006年）
・松田美佐「若者の友人関係と携帯電話利用──関係希薄化論から選択的関連論へ──」（『社会情報学研究4』2000年　所収）
・同上「モバイル社会のゆくえ」（岡田朋之・松田美佐編『ケータイ学入門』前掲書　所収）
・同上「ケータイをめぐる言説」（松田美佐・岡部大介・伊藤瑞子編『ケータイのある風景』前掲書　所収）
・宮城音弥『精神分析入門』（岩波書店　1959年）
・宮台真司『終わりなき日常を生きろ』（筑摩書房　1995年）
・柳田邦男『壊れる日本人』（新潮社　2005年）
・山田和夫「会食恐怖」（『青年心理73』金子書房　1989年1月号　所収）
・和田秀樹『シゾイド日本人』（KK ロングセラーズ　1994年）

第9章

・東洋『日本人のしつけと教育』（東京大学出版会　1994年）
・アンドレ，Ch. & ルロール，F.『自己評価の心理学』（高野優訳　紀伊國屋書店　2000年）
・遠藤辰雄「セルフ・エスティーム研究の視座」（遠藤辰雄・井上祥治・蘭千壽編『セルフ・エスティームの心理学』ナカニシヤ出版　1992年　所収）
・梶田叡一『自己意識の心理学』（東京大学出版会　1988年）
・加藤正明・保崎秀夫・三浦四郎衛・大塚俊男・浅井昌弘監修『新版・精神科ポケット辞

・同監修『精神科ポケット辞典・新訂版』(弘文堂　2006年)
・河地和子『自信力が学生を変える』(平凡社　2005年)
・清水裕「自己評価・自尊感情」(堀洋道監修／山本眞理子編『心理測定尺度集Ⅰ』サイエンス社　2001年　所収)
・髙田利武『「日本人らしさ」の発達社会心理学』(ナカニシヤ出版　2004年)
・同『新版・他者と比べる自分』(サイエンス社　2011年)
・古荘純一『日本の子どもの自尊感情はなぜ低いのか』(光文社　2009年)
・リヒテルズ直子『オランダの教育』(平凡社　2010年)

第10章

・河合隼雄『影の現象学』(講談社　1987年)
・サミュエルズ, A. 編『ユング心理学辞典』(山中康弘監修　創元社　1983年)
・ノイマン, E.『深層心理学と新しい倫理』(石渡隆司訳　人文書院　1987年)
・ユング, C. G. & フランツ, M-L. v.『アイオーン』(野田倬訳　人文書院　1990年)

筆者が薦める参考文献一覧

第1章
- 河合隼雄『イメージの心理学』（青土社）

第2章
- 河合隼雄『ユング心理学入門』（培風館）
- 河合隼雄『母性社会日本の病理』（講談社＋α文庫）
- 恒吉僚子『人間形成の日米比較』（中公新書）
- 佐藤淑子『日本のいい子　イギリスのいい子』（中公新書）

第3章
- 河合隼雄『昔話と日本人の心』（岩波現代文庫）

第4章
- 小此木啓吾・馬場謙一編『精神分析入門』（有斐閣新書）
- 小此木啓吾・北山修編『阿闍世コンプレックス』（創元社）
- 岡田尊司『境界性パーソナリティ障害』（幻冬社新書）

第5章
- 根本橘夫『心配性の心理学』（講談社現代新書）

第6章
- 日本道徳性心理学研究会編『道徳性心理学』（北大路書房）
- 河合隼雄『ユング心理学と仏教』（岩波現代文庫）

第7章
- 菅原健介編『ひとの目に映る自己』（金子書房）

第8章
- 柳田邦男『壊れる日本人』（新潮文庫）
- 松田美佐・岡部大介・伊藤瑞子編『ケータイのある風景』（北大路書房）
- 斎藤環『思春期ポストモダン』（幻冬社新書）

第9章
- 古荘純一『日本の子どもの自尊感情はなぜ低いのか』（光文社新書）
- 河地和子『自信力が学生を変える』（平凡社新書）

第10章
- J. ホリス『「影」の心理学』（コスモス・ライブラリー）

　　筆者註：2012年現在で，上記のうち根本橘夫『心配性の心理学』のみが残念ながら品切れです。図書館や古書店（「amazon」や「日本の古本屋」などのインターネットの古書店も含めて）で是非入手して一読することを勧めます。

【著者略歴】

杉本　裕司（すぎもと　ゆうじ）

　　　愛知県生まれ。1988年3月，東京大学大学院人文科学研究科博士課程修了。同年4月，熊本大学文学部講師として赴任。1991年7月より翌年4月までボッフム大学（ドイツ）にて在外研究。1994年4月より熊本大学文学部助教授（現・准教授）。今日に至る。専門分野は深層心理学，倫理学。

自己理解を深める10のレッスン―主に深層心理学の立場から―

2013年4月15日　初版第1刷発行
2020年4月10日　初版第3刷発行

著　者　　杉　本　裕　司
発行者　　木　村　慎　也

定価はカバーに表示　　　印刷　シナノ印刷／製本　川島製本

発行所　株式会社　北樹出版
〒153-0061　東京都目黒区中目黒1-2-6
電話(03)3715-1525(代表)　FAX(03)5720-1488

© Yuji Sugimoto 2013, Printed in Japan　　ISBN978-4-7793-0360-9

（落丁・乱丁の場合はお取り替えします）